Das große Buch des christlichen Humors

Das große Buch des christlichen Humors

Witze, Anekdoten & Geschichten

benno

Bibliografische Information Der Deutschen Nationalibliothek
Die Deutsche Nationalbibliothek verzeichnet diese Publikation in der Deutschen Nationalbibliografie; detaillierte bibliografische Daten sind im Internet über http://dnb.d-nb.de abrufbar.

Zusammengestellt von Annegret Kokschal, Leipzig
Illustrationen: Karsten Lackmann, Altötting

ISBN 978-7462-3442-7

04159 Leipzig, Stammerstr. 11
Einbandgestaltung: Ulrike Vetter, Leipzig, unter Verwendung einer Abbildung aus Werner „Tiki“ Küstenmacher, Kirche find ich gut.

Gesamtherstellung: Kontext, Lemsel (H)

Inhalt

Herr, schenke mir Sinn für Humor.
Gib mir die Gnade,
einen Scherz zu verstehen,
damit ich ein wenig Glück
kenne im Leben
und anderen davon mitteile.

Thomas More (1477/78–1535), englischer Lordkanzler

Das Buch der Bücher – was (so) nicht in der Bibel steht

Es werde Licht

Gerda gibt die Schöpfungsgeschichte mit eigenen Worten wieder: „Am Anfang war das Nichts. Dann schuf Gott das Licht. Da war dann zwar immer noch nichts, aber jeder konnte es sehen."

Schnelle Arbeit

„Papi, wie hat Gott es geschafft, die Welt in sechs Tagen zu erschaffen?"
„Er war nicht auf Handwerker angewiesen!"

Im Paradies

Es legte Adam sich im Paradiese schlafen;
da ward aus ihm das Weib geschaffen.
Du armer Vater Adam, du!
Dein erster Schlaf war deine letzte Ruh'.
Matthias Claudius

Gesprächsthema

Die kleine Eva kommt ganz glücklich aus dem Religionsunterricht nach Hause. „Na, worüber habt ihr denn heute gesprochen?“, fragt die Mutter. „Hauptsächlich über Adam und mich!“, strahlt Eva.

So nicht

Ums Paradies ging eine Mauer
Hübsch hoch vom besten Marmelstein.
Der Kain, als Bub, ein schlauer,
Denkt sich: Ich komme doch hinein.

Er stieg hinauf zu diesem Zwecke
An einer Leiter mäuschenstumm.
Da schlich der Teufel um die Ecke
Und stieß ihn samt der Leiter um.

Der Vater Adam, der's gesehen,
Sprach, während er ihn liegen ließ:
„Du Schlingel! Dir ist recht geschehen.
So kommt man nicht ins Paradies.“

Wilhelm Busch

Die Sintflut

Die Geschichte von Noach und der Arche war eindrucksvoll erzählt worden. „Und der liebe Gott, wie wurde denn der gerettet?“, will die kleine Luise wissen. „Bist du doof!“, erwidert ihr Klemens, „Der konnte doch schwimmen.“

Feiertage

Noach hat mal wieder die Arche inspiziert und kommt zu seiner Frau in die Küche zurück: „Sag mal, wir hatten doch auch zwei Puten mit in die Arche genommen; ich habe jetzt nur noch eine gezählt."

Gibt seine Frau zurück: „Mein Lieber, du vergisst, wir hatten Weihnachten ..."

Alles, was ich wissen muss, lernte ich von Noachs Arche

1. Nicht das Boot verpassen!
2. Denke daran, dass wir alle im selben Boot sitzen.
3. Plane vorausschauend! Es hat nicht geregnet, als Noach die Arche baute.
4. Bleibe in Form! Auch wenn du 100 Jahre alt bist, könnte dich jemand auffordern, etwas wirklich Großes zu tun.
5. Höre nicht auf die Kritiker; tue einfach deine Arbeit weiter, die getan werden muss.
6. Baue dir deine Zukunft auf hohem Niveau.
7. Um der Sicherheit willen, reise paarweise.
8. Geschwindigkeit ist nicht immer ein Vorteil. Die Schnecken waren ebenso an Bord wie die Geparde.
9. Wenn du gestresst bist, lass dich eine Weile treiben.
10. Denke daran, dass die Arche von Amateuren gebaut wurde; die Titanic von Profis!
11. Mache dir keine Sorgen um den Sturm! Wenn du mit Gott unterwegs bist, wartet immer ein Regenbogen auf dich.

Sprüche klopfen mit der Bibel:
„Nach mir die Sintflut“
(Gen 6,1-9,29)

Lots Frau
Die kleine Franziska erzählt die Geschichte von der Vernichtung der Stadt Sodom nach: „... Lot floh mit seiner Familie aus der Stadt. Aber Lots Frau drehte sich um und erstarrte zur Salzsäure."

Die Evangelisten
In der Schule vertraut der Religionslehrer dem Pfarrer an, dass die Kinder erschreckend wenig wissen. „Stellen Sie sich vor, ich habe gefragt, wer die vier Evangelisten sind. Und ein Junge hat geantwortet: Josef und Nepomuk ...!" Darauf erwidert der Pfarrer: „Seien Sie doch froh, dass er wenigstens zwei gewusst hat!"

Schuldfrage
Josef und Maria stehen in Betlehem vor einer Herberge.
Josef fragt den Wirt nach einer Bleibe für die Nacht.
„Tut mir Leid", sagt der Wirt, „alles ausgebucht."
„Bitte helfen Sie uns. Meine Frau ist hochschwanger", fleht Josef.
Der Wirt: „Na und? Dafür kann ich ja wohl nix!"
Josef: „Meinen Sie etwa ICH?!?"

Am See Gennesaret
Sagt der Fischer im Boot: „Es ist mir völlig egal, wer dein Vater ist - solange ich hier angle, läufst du nicht über's Wasser ..."

Verkaufsstrategie

Ein Priester erhält den Auftrag, in einer Woche 500 Bibeln in einem kleinen Dorf zu verkaufen. Schafft er es nicht, verliert er seinen Pfarrposten. Er macht sich ans Werk, hat aber nach vier Tagen erst zwei Bibeln verkauft. Niedergeschlagen sitzt er in der Kirche und überlegt, wie er die restlichen 498 Bibeln verkaufen kann, als plötzlich ein Junge eintritt, der dem Priester helfen möchte.
Der Priester gibt dem Jungen die 498 Bibeln. Nach drei Stunden kommt der Junge wieder und möchte noch mal 500 Bibeln verkaufen. Fragt der Priester ganz verdutzt: „Wie hast du denn all die Bibeln so schnell verkauft?"
„Ich habe gesagt, entweder lese ich ihnen die Bibel vor, oder sie müssen sie kaufen."

Stammbäume

Treffen sich zwei Studenten auf der Privatuniversität. Einer ist adelig, der andere Stipendiat.
„Meine Familie kann ihren Stammbaum bis auf Friedrich Barbarossa zurückverfolgen", prahlt der eine.
Der andere kontert: „Unsere Unterlagen sind bei der Sintflut verloren gegangen."

Bildung

Der Sohn fragt seinen Vater: „Papa, kannst du mir sagen, wer Hamlet war?"
„Natürlich, mein Sohn, aber du sollst ja etwas lernen, darum hol dir die Bibel und sieh selbst nach!"

Aberglaube

Der sehr abergläubige Pischel hatte es sich zur Gewohnheit gemacht, jeden Morgen die Bibel aufzuschlagen und das Schriftwort, auf das sein erster Blick fiel, als Devise für den kommenden Tag zu nehmen. Am Freitag, dem 13., stieß er auf Mt 27,5: „Und Judas ging hin und erhängte sich."

Verwirrt schlug Pischel die Bibel an einer anderen Stelle auf. Sein Gesicht wurde ganz blass, als er bei Lk 10,37 las: „Dann geh und handle genauso."

Zitternd versuchte Pischel es ein drittes Mal. Vor seinen Augen verschwimmt die Schrift, als er Joh 13,27 aufschlägt: „Was du tun willst, das tu bald!"

Seitdem hält Pischel nichts mehr von Orakeln.

Emanzipation

Feministinnen haben in einem offenen Brief gegen die Neuübersetzung der „Zürcher Bibel" protestiert, in der der Gottesname wie bisher mit „der Herr" wiedergegeben wird. Der quotenbewusste Verlag hat sich diesen Protest sehr zu Herzen genommen, muss er doch befürchten, die „Hälfte des deutschsprachigen Himmels" als Konsumenten zu verlieren.

So wurde den noch nicht verkauften Exemplaren ein Errata-Zettel beigelegt. Auf dem wird gebeten, bei der Lektüre „Seine Herrlichkeit" zu ersetzen durch „ihre Dämlichkeit."

Wer dumm fragt ... die Bibel antwortet trotzdem

Was sagte Gott, als er das Ruhrgebiet erschuf?
Essen ist fertig!

Wie lautet der Name Gottes?
Ernst Groß, denn in der Bibel steht: „Wer mich mit Ernst anruft, wird erhört werden. Denn mein Name ist Groß."

Wie lautet die Telefonnummer von Gott?
50 15, denn im Psalm 50,15 steht: „Ruft mich an in der Not ..."

Welches Musikinstrument spielt Gott?
Tuba. Es heißt doch: „Vater unser, der TUBIST im Himmel ..."

Wer war der erste Kellner?
Der Heilige Geist, denn in der Bibel steht: „Er nahte mit Brausen."

Wer war die erste Fußballmannschaft?
Jesus und seine Jünger, denn in der Bibel steht: „Jesus stand im Tor von Nazaret und seine Jünger standen abseits."

Wie waren die Posaunen von Jericho gestimmt?
In d-Moll!
Wieso?
Sie haben alles d-Moll-iert.
(Jos 6,1-27)

Mark Twains Blick in Adams Tagebuch

Der US-amerikanische Schriftstller Mark Twain (1836–1910), eigentlich Samuel Langhorne Clemens (bekannt durch die Abenteuer von Tom Sawyer und Huckleberry Finn), schrieb auch ein Tagebuch Adams

Montag

Dieses neue Geschöpf mit dem langen Haar fängt an, mir sehr im Wege zu sein. Es ist immer hinter mir her und treibt sich beständig um mich herum. Ich mag das nicht; ich bin nicht an Gesellschaft gewöhnt. Ich wünschte, es bliebe bei den übrigen Tieren. Es ist heute bewölkt; denke, wir werden Regen bekommen. Wir? Wer ist wir? Woher habe ich das Wort? Ich erinnere mich jetzt, – das neue Geschöpf braucht es immer.

Dienstag

Habe den großen Wasserfall untersucht. Er ist das Beste auf dem ganzen Grundstück, sollte ich meinen. Das neue Geschöpf nennt ihn „Niagara"-Fall, – habe auch nicht die blasseste Ahnung, weswegen. Wenn es sagt, das Ding sehe aus wie „Niagara", so hat das keinen Sinn. Es ist nur so ein Einfall, nur leeres Geschwätz. Ich selber komme gar nicht mehr dazu, irgendetwas zu benennen. Das neue Geschöpf tauft alles, was uns gerade in die Quere kommt, ehe ich auch nur den geringsten Einwand dagegen erheben kann. Und das immer unter einem und demselben Vorwand, dass es so „aussehe". Da kommt zum Beispiel der Dodo. Kaum, dass ich ihn erblickt habe, sagt das Geschöpf: „Das sieht wie ein Dodo aus." Kein Zweifel, der Name wird dem Vogel bleiben. Aber warum darüber aufregen, es nützt ja doch nichts. Dodo! Es sieht einem Dodo nicht ähnlicher als ich.

Mittwoch
Habe mir einen Unterschlupf gegen den Regen gebaut. Aber ich konnte ihn nicht friedlich für mich behalten. Das neue Geschöpf war gleichfalls sofort drinnen. Als ich es hinauszudrängen versuchte, vergoss es Wasser aus den beiden Löchern, mit welchen es sieht, wischte es mit dem Rücken seiner Pfoten fort und gab dabei Töne von sich wie verschiedene der anderen Tiere, sobald ihnen etwas weh tut oder sie sich fürchten. Wenn es nur nicht reden wollte! Es schwatzt beständig. Das klingt fast wie Hohn und Spott, als wollte ich mich über das arme Geschöpf lustig machen. Aber die Absicht liegt mir fern. Ich habe die menschliche Stimme nie zuvor gehört, und jeder neue und fremde Laut, welcher das feierliche Schweigen in dieser träumerischen Einsamkeit unterbricht, beleidigt mein Ohr wie eine falsche Note. Und obendrein ist dieser neue Laut immer so nahe bei mir, er ist dicht an meiner Schulter, dicht an meinem Ohr, erst auf dieser, dann auf der anderen Seite; und ich war nur gewöhnt, Laute zu hören, die mehr oder weniger entfernt von mir sind.

Freitag
Das Benennen geht unaufhaltsam weiter, ich mag dagegen tun, was ich will. Ich hatte für das große Grundstück

(Gen 1,1–2,25)

hier einen sehr guten Namen erfunden, der hübsch war und musikalisch zugleich – Garten von Eden. Ich gebrauche den Namen jetzt noch, aber nicht öffentlich, nur verstohlen. Das neue Geschöpf sagt, man sehe in der ganzen Landschaft nur Wald, Felsen und Wasser; sie erinnere nicht im mindesten an einen Garten, sondern sehe aus wie ein Park und nichts anderes. So hat es ihm denn, ohne mich weiter zu fragen, den Namen Niagarafall-Park gegeben. Das ist eigenmächtig genug, sollte ich meinen. Und schon kann man auf dem Grase eine Tafel mit der bekannten Warnung sehen: „Betreten des Rasens verboten!“
Mein Leben ist nicht mehr so glücklich wie früher.

Samstag
Das neue Geschöpf isst zu viele Früchte. Wir werden wahrscheinlich bald Mangel daran haben. Schon wieder „Wir“ – das ist sein Wort, und ich habe es vom vielen Hören nun auch schon angenommen.
Ziemlich neblig heute früh. Ich selbst gehe nicht in den Nebel hinaus. Aber das neue Geschöpf tut es. Es geht bei jedem Wetter aus und kommt dann mit schmutzigen Füßen wieder hereingestampft. Dabei spricht es fortwährend, früher war es hier so angenehm und ruhig.

Sonntag
Hab ihn glücklich hinter mir. Dieser Tag wird immer ermüdender. Der Sonntag wurde im letzten November zum Ruhetag gewählt und abgesondert. Früher hatte ich in jeder Woche schon sechs solche Tage. Und heute?

Heute morgen fand ich das neue Geschöpf, wie es mit Erdklumpen nach dem verbotenen Baum warf, um die Äpfel herunterzuholen.

Montag

Das neue Geschöpf sagt, sein Name sei Eva. Das ist ganz recht, und ich will nichts dagegen einwenden. Es sagt, der Name sei dazu da, damit es rufen könne, wenn ich es bei mir zu haben wünsche. Darauf erwiderte ich, dass der Name dann überflüssig sei. Diese Bemerkung hob mich augenscheinlich in der Achtung des neuen Geschöpfs. Und wirklich, das Wort „überflüssig" ist sehr gut und von allgemeiner Bedeutung; es verdient, bei jeder Gelegenheit wiederholt zu werden. Darauf sagte mir das Geschöpf, dass es gar kein „Es" sondern eine „Sie" sei. Das ist zumindest zweifelhaft; aber mir ist's einerlei; sie mag sein, was sie will, wenn sie nur ihrer Wege gehen und nicht ständig reden wollte.

Dienstag

Sie hat das ganze Gelände durch widerliche Wegweiser mit abscheulichen Namen verschandelt:

Zur Stromschnelle
Zur Ziegeninsel
Zur Höhle der Winde.

Sie sagt, dieser Park würde eine äußerst erquickende und reinliche Sommerfrische abgeben für den Fall, dass sich Säfte dafür finden ließen. Sommerfrische – was heißt das? Offenbar wieder so 'ne neue Erfindung ihres rastlosen Hirns und ihres noch ruheloseren Mundes – Worte ohne jeden Sinn. Was ist eine Sommerfrische? Aber besser, ich frage sie gar nicht erst danach – sie hat ohnehin eine wahre Sucht, alles zu erklären.

Freitag

Seit Kurzem fleht sie mich an, nicht mehr über den Wasserfall zu gehen, wie ich es mir angewöhnt hatte. Wem geschieht denn damit etwas zuleide? Sie sagt, es mache sie schaudern. Ich möchte wissen, warum? Ich habe es immer getan, seit ich hier bin. Das Hineinspringen, das Untertauchen und die Aufregung dabei machen mir den größten Spaß. Und dann die Kühle, wenn es sonst heiß ist! Ich habe auch immer gedacht, dass der Fall gerade deswegen da wäre. Wenigstens hat er – soweit ich sehen kann – sonst keinen Zweck, und irgendeinen Zweck muss er doch haben. Und jetzt kommt sie und sagt, die ganze Geschichte wäre nur um der malerischen Szenerie willen da – wie das Rhinozeros und das Mastodon.

Bin darauf in einem Fass über den Fall hinuntergesegelt, – auch das war nicht nach ihrem Geschmack. Dann in einer Waschbutte – sie war noch immer nicht zufrieden. Ich schwamm durch den Strudel unterhalb des Falls und durch die Stromschnellen oberhalb des Falls in einem nagelneuen Schwimmanzug von Feigenblättern, der dabei fast in Fetzen ging. Da bekam ich endlose Vorwürfe wegen meiner Verschwendungssucht. Ich fühle mich hier von allen Seiten eingeengt. Ein Ortswechsel würde mir guttun.

Samstag

Am Abend des letzten Dienstag bin ich durchgebrannt und habe mir dann, nachdem ich zwei Tage drauflosgewandert war, einen neuen Unterschlupf gebaut, an einer ganz abgelegenen Stelle. Aber wie sehr ich auch bemüht gewesen war, meine Spuren zu verwischen und zu verbergen - sie hat mich doch aufgespürt, mit Hilfe eines Tieres, welches sie gezähmt hat und „Wolf" nennt; sie stürzte plötzlich zu mir herein, machte wieder das klägliche Geräusch, das ich nicht hören mag, und ließ das Wasser aus den beiden Löchern, mit denen sie sieht, hervorschießen. Es blieb mir nichts anderes übrig, als mit ihr zurückzugehen – aber ich werde sofort wieder ausreißen, wenn sich die Gelegenheit bietet. Sie gibt sich mit allerlei ganz überflüssigen Dingen ab. Unter anderem versucht sie herauszubekommen, warum die Tiere, welche Löwen und Tiger heißen, auf diesem großen Grundstück von Gras und Blumen leben, während sie doch nach ihrer Meinung eine Art Zähne haben, die deutlich beweist, dass sie bestimmt sind, einander aufzufressen.

Das ist einfach Narrheit. Denn dazu müssten sie sich gegenseitig umbringen, und dies würde – soweit ich informiert bin – den Tod zur Folge haben. Mir ist aber gesagt worden, dass der Tod hier noch nicht hergekommen ist – was in gewisser Weise auch bedauerlich ist.

Sonntag

Habe ihn glücklich hinter mir.

Montag

Ich glaube, jetzt dahintergekommen zu sein, wozu die Woche da ist: Sie soll einem Zeit geben, sich von der Ermüdung des Sonntags zu erholen. Das ist gar keine schlechte Idee. Ich habe Eva schon wieder an dem verbotenen Baum erwischt. Sie war hinaufgeklettert, und ich warf mit Erdklumpen nach ihr, bis sie herunterkam und sagte, es hätte ja niemand gesehen. Ich glaube, sie hält das für eine genügende Rechtfertigung, um die gefährlichsten Dinge zu tun. Sagte ihr es auch ins Gesicht. Das Wort Rechtfertigung erregte ihre Bewunderung und zugleich, wie mir schien, ihren Neid. Es ist aber auch ein sehr gutes Wort.

Dienstag

Das Neueste, was sie mir gesagt hat, ist, dass sie aus einer von meinem Körper genommenen Rippe gemacht sei. Das scheint mir eine gewagte Behauptung. Mir hat doch nie eine Rippe gefehlt! Besonderes Kopfzerbrechen macht ihr seit einiger Zeit der junge Bussard, mit dem sie sich so viel abgibt. Sie sagt, er könne kein Gras vertragen, und fürchtet daher, ihn nicht aufziehen zu können, weil er, wie sie sich einbildet, verwestes Fleisch zur Nahrung haben müsse. Ein Bussard sollte sich, meiner Meinung nach, mit dem begnügen, was vorhanden ist. Man kann doch nicht bloß dem Bussard zuliebe die ganze Ordnung der Dinge umkehren.

Sprüche klopfen mit der Bibel:
„Wer andern eine Grube gräbt“
(Spr 26,27)

Samstag

Gestern fiel sie in den Teich, als sie sich zu weit vorbeugte, um sich im Wasser zu betrachten. Sie tut das immer, sobald sie an einen Teich kommt, nur ist sie bis jetzt noch nicht hineingefallen. Sie hat so viel Wasser geschluckt, dass sie beinahe erstickte. Das sei ein höchst unbehagliches Gefühl, erklärte sie, als sie wieder draußen war. Es machte sie auch traurig wegen der Geschöpfe, welche im Wasser leben müssen und die sie Fische nennt. Sie hat nämlich noch immer nicht aufgehört, allen möglichen Dingen ganz unnütze Namen anzuhängen. Sie kommen gar nicht, wenn sie den Namen ruft. Das ist reiner Blödsinn, stört sie aber nicht. Die Folge war, dass sie gestern Abend eine ganze Menge Fische einfing, hereinbrachte und, damit sie warm werden möchten, in mein Bett tat. Aber ich habe sie seitdem beobachtet und die Wahrnehmung gemacht, dass sie durchaus nicht glücklicher schienen als zuvor. Nur viel stiller sind sie den ganzen Tag gewesen. Und wenn es wieder Nacht wird, werde ich sie einfach vor die Türe werfen und nicht wieder mit ihnen schlafen, denn sie sind unangenehm schleimig und nasskalt, und das Liegen zwischen ihnen ist, vor allem wenn man nichts anhat, höchst unbehaglich.

Sonntag

Habe ihn glücklich hinter mir.

Mark Twain

Schwierige Titulierung

Danach schrieb Antiochus der Jüngere an Jonatan: Ich bestätige dich im Hohenpriesteramt und unterstelle dir die vier Bezirke. Du darfst auch den Titel „Freund des Königs" führen.
1 Makkabäer 11,57

Papst Paul VI. (1897–1978) konnte die Redaktion des „L'Osservatore Romano" (italienisch für „Der römische Beobachter"), die offizielle Zeitung des Heiligen Stuhls, nur stufenweise, mit immer neuen Bitten zu einem nüchterneren Stil führen. So wurden zum Beispiel die offiziellen Mitteilungen des Heiligen Stuhls im Osservatore immer eingeleitet mit der Formel „Die Heiligkeit Unseres Herrn hat sich gütigst herabgelassen ..."
Vier Jahre dauerte Montinis Feldzug gegen diese Floskel. Im ersten Jahr wurde „Die Heiligkeit Unseres Herrn" durch „Seine Heiligkeit der Papst" ersetzt, der Rest blieb.
Im zweiten Jahr wurde „gütigst" gestrichen, die Herablassung blieb. Im dritten Jahr ließ sich der Papst auch nicht mehr herab.
Im vierten Jahr endlich hat sich der Osservatore dazu durchgerungen, der päpstlichen Anweisung ganz Folge zu leisten und schlicht zu schreiben: „Der Heilige Vater hat ..."

Es werde Licht!

Gott sprach: Es werde Licht. Und es wurde Licht.
Genesis 1,3

FRAGE: Wie viele Mitglieder einer Amish-Gemeinde braucht man, um eine Glühbirne auszuwechseln?
ANTWORT: Was ist eine Glühbirne?

FRAGE: Wie viele Pfingstler braucht man, um eine Glühbirne auszuwechseln?
ANTWORT: Zehn! – Einer wechselt die Birne und neun beten gegen den Geist der Finsternis.

FRAGE: Wie viele Zen-Buddhisten braucht man, um eine Glühbirne auszuwechseln?
ANTWORT: Einen. Einen, der sie austauscht und auch nicht austauscht.

FRAGE: Wie viele orthodoxe Rabbiner benötigt man, um eine kaputte Glühbirne auszuwechseln?
ANTWORT: Etwas verändern?

FRAGE: Wie viele Fernsehevangelisten braucht man, um eine Glühbirne auszuwechseln?
ANTWORT: Einen. Aber wenn Sie wollen, dass die Botschaft vom Licht weiterhin verkündet wird, überweisen

Sie noch heute Ihre Spende an ...
FRAGE: Wie viele Methodisten braucht man, um eine Glühbirne auszuwechseln?
ANTWORT: Unbestimmt. Ob dein Licht hell, schummrig oder völlig ausgebrannt ist – du bist geliebt. Du kannst ein helles Licht sein oder ein anderes. Ein Gottesdienst, an dem die ganze Kirche erleuchtet wird, ist für Sonntag geplant. Bring die Birne deiner Wahl und etwas fürs gemeinsame Mahl mit.

FRAGE: Wie viele Baptisten braucht man, um eine Glühbirne auszuwechseln?
ANTWORT: Mindestens fünfzehn. Eine Person, um die Birne auszuwechseln, und drei Komitees, die über den Wechsel befinden und entscheiden, wer den Kartoffelsalat mitbringt.

FRAGE: Wie viele Lutheraner braucht man, um eine Glühbirne auszuwechseln?
ANTWORT: Besser zwei, einer ist am Ende dann doch dagegen.

FRAGE: Wie viele Charismatiker braucht man, um eine Glühbirne auszuwechseln?
ANTWORT: Nur einen. Die Hände hat er schon oben.

FRAGE: Wie viele Katholiken braucht man, um eine Glühbirne auszwechseln?
ANTWORT: Einen, aber auf keinen Fall einen Laien!

Die Zehn Gebote

Grund- und Zusatzgebote

Neben den Zehn Geboten und dem Grundgebot der Gottes- und Nächstenliebe haben sich noch die folgenden Anweisungen unter den Humor(chr)isten erhalten:
11. Gebot: Du sollst dich nicht erwischen lassen!
12. Gebot: Du sollst die Lästigen ertragen!
13. Gebot: Sei nicht abergläubisch!

Dazu die folgende Geschichte: Ein Pfarrer besucht seinen Amtsbruder. Als er in dessen Wohnzimmer tritt, bemerkt er ein Hufeisen über dem Eingang. „Aber das darf doch nicht wahr sein! – Du glaubst doch nicht an einen solchen Unsinn?"
„Natürlich nicht", gibt der Mitbruder zurück, „aber ich habe mir sagen lassen, dass es auch hilft, wenn man nicht daran glaubt!"

Und noch ein Gebot!

Ein Erweckungsprediger in den USA meinte einmal, dass für manche Leute noch ein zusätzliches Gebot zu gelten scheine: „Du sollst am Sonntag möglichst zerknirscht aussehen."
Er fügte hinzu: „Ich muss zugeben, dass ich die Leute im Gottesdienst lieber lachen als schlafen sehe."

Laienarbeit

Die Zehn Gebote sind deshalb so kurz und verständlich, weil sie ohne Mitwirkung einer Expertenkommission entstanden sind.
Charles de Gaulle

Hilfreiche Predigt

Der Pfarrer hält eine Predigt über die Zehn Gebote. Dabei bemerkt er, dass sich während seiner Predigt die Miene des Bauern Huber immer mehr verfinstert. Doch gegen Ende der Predigt hält sich seine Miene urplötzlich wieder auf, und der Bauer lächelt verschmitzt.
Der Pfarrer ist neugierig geworden, und deshalb fragt er nach dem Gottesdienst Bauer Huber, was es damit auf sich hat. Dieser antwortet: „Seit Tagen vermisse ich meinen Regenschirm. Als Sie mit Ihrer Predigt begannen, dachte ich daher sofort an das Gebot ‚Du sollst nicht stehlen', doch so sehr ich auch überlegte, ich kam nicht drauf, bei welcher Gelegenheit man mir meinen Schirm gestohlen haben könnte."
Mit hochrotem Kopf fügt Bauer Huber hinzu: „Als Sie dann über das Gebot ‚Du sollst nicht ehebrechen' sprachen, fiel mir ein, wo ich meinen Schirm tatsächlich vergessen habe."

Sprüche klopfen mit der Bibel:
„Zur Salzsäule erstarren“
(Gen 19,26)

Der Pfarrer und seine Gemeinde – wie der Leithammel sich um seine Schafe sorgt

Trefflich gesagt

Zwischen dem Wirtshausehepaar ging es öfter mal wegen kleiner Meinungsverschiedenheiten, die sich dann jedoch zu lautstarken Auseinandersetzungen auswuchsen, hoch her. Diese Streitereien blieben den Gästen aus dem Dorf nicht verborgen, und schließlich war es auch dem örtlichen Pfarrer zu Ohren gekommen.

Damit endlich wieder Friede herrsche, beendete der Pfarrer seine Sonntagspredigt über Mt 18,21-22 („Nicht siebenmal, sondern siebenundsiebzigmal sollst du deinem Bruder vergeben!") mit den folgenden Worten, deren Adressaten für jeden Kirchbesucher offensichtlich waren:

„Merkt euch eins, liebe Brüder und Schwestern: Nicht nachsalzen, nachzuckern, aufwärmen; es sei denn, du bist mit der Küchenarbeit beschäftigt!"

Beim Wort genommen

Pfarrer James Henderson aus Kingstown in England erhielt einen Brief mit folgendem Wortlaut: „Mit Vergnügen werde ich der Kirche einen Betrag von 100 Pfund stiften, wenn Sie nicht mehr Pfarrer sind."
Der Geistliche hob dieses Schreiben sorgsam auf und übergab es, als er mit 78 Jahren in den Ruhestand trat, seinem Nachfolger.

Tiefe Trauer

Der Pfarrer kondoliert nach der Beerdigung am offenen Grab den Angehörigen des Verstorbenen, der als recht wohlhabend gegolten hat.
„Sind Sie auch mit ihm verwandt?" fragt der Geistliche einen der Umstehenden, der besonders bitterlich schluchzt.
„Eben nicht", antwortet der.

Tolerant

Der katholische Pfarrer erhält von seinem Hausarzt den Rat, er solle doch öfter in die Sauna gehen, damit er seine ständigen Erkältungen besser in den Griff bekommt. Nach dem ersten Saunagang ist der Mann ganz begeistert und bedankt sich beim Saunapersonal: „Übermorgen komme ich bestimmt auch wieder!" Da meint der Saunabesitzer: „Sehr gerne, ich will Ihnen nur sagen, übermorgen haben wir gemischte Sauna!" Doch den Pfarrer stört das nicht: „Ach, wissen Sie, die paar Evangelischen machen mir nichts aus ...".

Sündhaftes Leben

Der Pfarrer redet einem seiner „schwarzen Schafe" ins Gewissen: „Mein Sohn, ich fürchte, wir werden uns nie im Himmel begegnen ..."
„Nanu, Herr Pfarrer, was haben Sie denn ausgefressen?"

Beifahrer

Die Polizei hält den Pfarrer an, weil das Licht nicht brennt: „Das kostet 10 Euro."
Beim Schreiben der Quittung fragt der Polizist: „Haben Sie denn keine Angst, dass Ihnen etwas passiert, wenn Sie so im Dunkeln fahren?"
Darauf der Pfarrer: „Nein, ich habe keine Angst, der Herr ist doch bei mir."
Darauf der Polizist: „Was? Zu zweit auf einem Fahrrad? Das macht noch mal 20 Euro!"

Erhörtes Gebet

Vor fünf Jahren betete Pfarrer Norbert Schuster, Hecklingen, mit 300 Fans für den SC Freiburg. Nicht freiwillig. Er hatte am Weißen Sonntag über das Unvermeidliche gepredigt und dabei den Abstieg des SC als unvermeidlich bezeichnet. Die Ministranten protestierten – so wurde gemeinsam gebetet, und mit dem 4:0 gegen den VfB Stuttgart geschah ein Fußballwunder. Heute, so Schuster, sei er „kuriert". Der SC schaffte den Klassenerhalt jetzt sogar ohne öffentliches Gebet.

Von Gott vergessen

Herr Frommel, sonst regelmäßiger Kirchgänger, der vor kurzem das gesegnete Alter von 105 Jahren erreicht hat, kommt plötzlich nicht mehr in den Gottesdienst. In Angst, dem alten Mann sei etwas zugestoßen, geht der Pfarrer sofort zu ihm.

Er findet ihn jedoch bei bester Gesundheit, deshalb fragte er ihn: „Warum kommen Sie nach so vielen Jahren plötzlich nicht mehr in die Kirche?"

Der alte Mann sieht sich vorsichtig um und flüstert dann dem Pfarrer ins Ohr: „Wissen Sie, Herr Pfarrer, als ich 90 wurde, erwartete ich, dass Gott mich demnächst zu sich holen würde. Aber dann wurde ich 95, dann 100 und jetzt sogar 105. Also dachte ich mir, dass Gott sehr beschäftigt sei und mich vergessen haben muss. Da will ich Ihn nun nicht wieder daran erinnern."

Zufrieden

Der Pfarrer am Ende des Gottesdienstes zur Gemeinde: „Liebe Gemeinde, wenn ich mir die Autos vor der Kirche betrachte, dann freue ich mich: Es gibt kaum Arme in unserer Gemeinde. Und wenn ich in den Kollektenkorb schaue, dann freue ich mich auch: Es gibt kaum Reiche in unserer Gemeinde."

Karsten Lachmann

So gleicht's sich aus

Der neue Pastor hält sehr viel von sich und seiner Predigt. Im Augenblick hat er einen Disput mit dem Metzger: „Hören Sie, gestern war meine Haushälterin bei Ihnen und hat Fleisch gekauft", sagt er. „Sie haben ihr aber gar kein schönes Stück gegeben. Das ist jetzt schon das vierte oder fünfte Mal passiert! Wenn wir wirklich ein gutes Stück Fleisch haben wollen" – er versucht den Metzger mitten ins Herz zu treffen –, „dann müssen wir ins nächste Dorf gehen."

„Sehen Sie", strahlt der Metzger und klopft dem Pastor vertraulich auf die Schulter, „dann geht's Ihnen genauso wie mir. Wenn wir eine gute Predigt hören wollen, müssen wir gleichfalls ins Nachbardorf gehen!"

Stoßgebet

Vor einem bayrischen Pfarrhaus versucht ein junger Mann vergeblich, sein Motorrad in Gang zu bekommen. Er stößt dabei die grässlichsten Flüche aus. Schließlich erscheint der Pfarrer: „Junger Mann, wer wird denn so schrecklich fluchen! Versuchen Sie es lieber mit Beten, zum Beispiel ‚Lieber Gott, hilf mir!'"

Der junge Mann blickt verzweifelt zum Himmel und spricht: „Lieber Gott, hilf mir!", und das Motorrad springt mühelos an.

Als der junge Mann davonsaust, sagt der Pfarrer: „Gewitterdunnerwetter, des hätt isch doch net denkt!"

Entschädigung

Der Pastor hat sich im 99-Cent-Shop etwas ausgesucht und merkt dann, dass er sein Portemonnaie vergessen hat.
„Ich könnte Sie ja einladen, sich anstelle der Bezahlung eine Predigt von mir anzuhören, aber leider habe ich keine 99-Cent-Predigten."
„Dann muss ich halt zweimal kommen", schlägt der Ladenbesitzer vor.

Wörtlich genommen

Ein Bauer kommt zum Pfarrer und beschwert sich: „Was erzählen Sie meinem Kind: Wenn dich jemand auf die rechte Wange schlägt, dann halte auch die linke hin? Was soll der Unsinn?"
Der Pfarrer wehrt sich und sagt: „Ich sage es nur, wie es im Evangelium steht, ich kann nichts dazutun und nichts wegnehmen."
Da gibt ihm der Bauer eine Ohrfeige und gleich noch eine auf die andere Seite, denn er kann den Pfarrer sowieso nicht leiden. Der Pfarrer, der auch recht stattlich gebaut ist, gibt dem Bauern auch zwei Ohrfeigen und meint: „Es steht geschrieben: Mit welcherlei Maß ihr messt, so wird auch euch gemessen werden. Ein volles, gerütteltes Maß wird man euch geben."
Und damit verpasst er dem Bauern noch ein paar Ohrfeigen. Der Dorfpolizist kommt, vom Lärm angelockt, näher und fragt, was hier los sei. Darauf antwortet der Pfarrer: „Ach, wir legen uns nur die Bibel aus."

Vergeblicher Versuch

Im Garten des Pfarrhauses sind die Kirschen reif. Da der Pfarrer die Lausejungs aus der Nachbarschaft und ihren Appetit genau kennt, stellt er ein Schild im Garten auf, auf dem steht: „GOTT SIEHT ALLES!“
Doch am nächsten Tag fehlt trotzdem ein Großteil der Kirschen, und auf das Schild hat jemand gekritzelt: „ABER ER PETZT NICHT!“

Tausend Sorgen

Ein Mann kommt zum Pfarrer und klagt: „Ich habe kein Geld für Lebensmittel, ich kann die Miete kaum bezahlen, und das Weihnachtsfest steht vor der Tür. Die Kinder, die Frau und auch ich brauchen etwas zum Anziehen, wir können doch nicht in Lumpen herumlaufen. Mit einem Wort, ich habe tausend Sorgen.“
„Klage nicht“, sagt der Pfarrer, „der Allmächtige wird schon helfen.“
„Aber, Herr Pfarrer, wie soll mir geholfen werden? Diese vielen Sorgen gehen über meine Kräfte.“
„Klage nicht, wir werden sehen, was du alles für die Feiertage brauchst. Sag, wie viel Geld brauchst du für Tannenbaum, Weihnachtsgans und Geschenke?“
„Was weiß ich? Ich glaube, ich werde mit 200 Euro auskommen.“
„Wie viel Mietschulden hast du?“
„Die vom letzten Monat: 400 Euro.“
„Na gut, und wie viel brauchst du für die neuen Kleider deiner Kinder?“

„200 Euro müssen genügen."
„Und wie teuer ist ein neues Kleid für deine Frau?"
„Mindestens 80 Euro."
„Und ein Hemd für dich?"
„Na, vielleicht 20 Euro."
Der Pfarrer notiert die angegebenen Summen, zählt alles zusammen und erklärt: „Du brauchst also insgesamt 900 Euro. Na siehst du, jetzt hast du nicht die vielen Sorgen mehr um Tannenbaum, Lebensmittel und Kleider deiner Familie. Jetzt hast du nur eine Sorge, woher du die 900 Euro nehmen sollst."

Schlechte Predigt

Ein Pfarrer konsultierte einen Psychiater. Dieser fragt ihn unter anderem: „Reden Sie im Schlaf?"
„Nein", antwortet der Pfarrer. „Ich rede nur, wenn andere schlafen."

Gegenseitige Hilfe

Der Dorfarzt, der selten in der Kirche zu sehen ist, kommt zu seinem 60. Geburtstag zur Beichte. Nach einem langen Beichtgespräch meint der Arzt: „Langsam mache ich mir doch Gedanken, ob ich mit meinen Sünden nicht in der Hölle lande. Können Sie nicht ein Wort für mich einlegen?"
Der Pfarrer meint: „Ich will tun, was ich kann, aber unter einer Bedingung: Sie tun dafür alles, dass ich nicht zu schnell in den Himmel komme."

Kindersegen

Ein Ehepaar fragt den Pfarrer um Rat, weil ihr Kinderwunsch bis jetzt unerfüllt geblieben ist. Dieser rät zu einer Pilgerfahrt nach Lourdes, um dort eine Kerze zu entzünden. Tatsächlich wird die Ehefrau nach der Rückkehr schwanger. Kurz darauf wird der Pfarrer in eine andere Stadt versetzt. Nach vielen Jahren kehrt er an die Stätte seines einstigen Wirkens zurück und erinnert sich an diese Begebenheit. Er beschließt, die Familie zu besuchen. Als er an der Haustür klingelt, empfängt ihn eine große Kinderschar. „Sind denn eure Eltern nicht zu Hause?“, fragt er den Ältesten. – „Nein, die sind in Lourdes, irgend so eine Kerze ausblasen!“

Fraglicher Vorteil

Ein Delinquent wird vom Pfarrer zum Galgen begleitet. Es regnet in Strömen, der Pfarrer hält den Schirm. Gefangener: „So ein Sauwetter, Herr Pfarrer ...“
Pfarrer: „Sie haben’s gut, Sie müssen nur hin – ich muss auch wieder zurück ...“

Stellvertreter

Der Pfarrer klingelt an einer Haustür und aus der Gegensprechanlage tönt es: „Engelchen, bist du es?“
Der Pfarrer antwortet: „Nein, aber ich bin von derselben Firma!“

Heilige Schrift

Eines Tages besucht ein Bauer, der lange krank gewesen ist, seinen Pfarrer.
„Das freut mich aber“, sagt der, „wie geht’s denn?“
„Danke, schon besser, aber arbeiten darf ich noch nicht. Das Schlimmste ist die Langeweile, wenn man den ganzen Tag lang nur so herumsitzt.“
„Dagegen habe ich ein gutes Mittel“, sagt der Pfarrer und holt aus seinem Bücherschrank die Geschichten von Wilhelm Busch heraus: „Dabei wird Ihnen die Langeweile schon vergehen.“
Nach einiger Zeit bringt der Bauer das Buch zurück. Als der Pfarrer fragt, wie es ihm gefallen habe, sagt der Bauer: „Gut hat’s mir gefallen. Manchmal hätte ich fast lachen müssen, wenn ich nicht gewusst hätte, dass es Gottes heiliges Wort ist.“

Alter und neuer Besen

Ein Pfarrer hat in seiner Gemeinde schon viele Jahre gedient und meint, es sei nun vielleicht doch an der Zeit, einem Jüngeren mit frischer Kraft und neuen Ideen Platz zu machen. Aber bevor er etwas unternimmt, spricht er mit einem alten Bergbauern über seine Absicht, sich zur Ruhe zu setzen: „Weißt Franzl“, meinte er schließlich, „man sagt ja, neue Besen kehren gut.“
Der alte Mann denkt eine Weile nach. „Stimmt schon, Herr Pfarrer“, sagte er dann, „neue Besen kehren gut. Aber der alte Besen weiß, wo der Dreck sitzt.“

Reklame

Paul Tervoot, katholischer Priester im niederländischen Städtchen De Lutte bei Enschede, verbindet die Liebe zum Fussball mit der Sorge um das Seelenheil seiner Schäfchen. Mit einer zwei Meter langen Reklametafel wirbt er bei jedem Heimspiel seiner Kicker an der Seitenlinie für den Gottesdienstbesuch:
„Sonntag Nachmittag zum SV De Lutte. Und wo waren Sie heute morgen? – Ihr Pfarrer".

Selbst schuld

Der Blitz hat in den Kirchturm eingeschlagen. Der Pfarrer geht von Dorf zu Dorf, um für den Neubau zu sammeln. Überall erhält er reichlich Spenden. Dann kommt er zum Erwin Mayrhofer, der will absolut nichts geben. Auf die Frage des Pfarrers hin meint der: „Also, Herr Pfarrer, für jemanden, der sein eigenes Haus anzündet, gebe ich keinen Pfennig."

Schwacher Trost

Ein Gemeindeglied meint bekümmert zum Pfarrer, der versetzt wird: „Was fangen wir bloß ohne Sie an?"
„Na, das ist doch nicht so schlimm", versucht der Pfarrer zu trösten. „Es kommt bald ein neuer Pfarrer, der bestimmt besser ist als ich."
Das Gemeindeglied traurig: „Das haben bis jetzt alle Pfarrer gesagt."

Spezialität des Hauses

Ein Pfarrer bestellt in einem Lokal eine Spezialität: Nachtigallenpastete mit Klößen. Es schmeckt alles vorzüglich. Nachdem er gezahlt hat, hält er den Ober zurück.
„Sagen Sie, mein Sohn, das war doch eine recht ordentliche Portion und so eine Nachtigall ist doch nur ein winziges Tierchen?“
„Ja“, sagt der Ober, „wir mischen da ja auch ein bisschen!“
„So?“, fragt der Pfarrer.
„Ja, wir mischen mit Pferdefleisch.“
„Ist ja interessant!“
„Ja, eine Nachtigall – ein Pferd!“

Guter Rat gefragt

Ein von Sorgen und Krankheit geplagtes Weiblein klagt dem Pfarrer ihre Not. Der sitzt bequem hinter seinem Schreibtisch und versucht, der Frau gut zuzusprechen.
„Trösten Sie sich, liebe Frau“, sagt er, „denn es steht geschrieben: Wen Gott lieb hat, den züchtigt er.“
„Das wird schon so sein“, sagt die Frau traurig und betrachtet nachdenklich das runde, zufriedene Gesicht des Pfarrers. Dabei scheint ihr plötzlich ein Hoffnungsschimmer zu kommen.
„Ach, Hochwürden“, sagt sie zutraulich, „ich seh’s Ihnen an, dass Sie mir am besten raten können, wie man es anfängt, dass einen der Herrgott nicht mehr gar so schrecklich gern hat.“

Die Visitation

„Sie sehen so bedrückt aus“, sagt ein Mann zu seinem Ortspfarrer. „Haben Sie Sorgen?“

„Und ob ich Sorgen habe!“, antwortet der. „Morgen kommt der Bischof zur Visitation.“

„Was ist denn das: Visitation?“

„Einem jung verheirateten Mann wie Ihnen kann ich das leicht erklären: Wenn Ihr Schwiegervater zu Besuch kommt, dann ist das eine Visite, kommt aber Ihre Schwiegermutter, dann wird aus der Visite eine Visitation.“

Das Wort Gottes verkünden – Predigen ist nicht immer leicht

Fehlendes Blatt

Pfarrer Bornstett pflegt seine Predigt vom Manuskript abzulesen, das er eine halbe Stunde vor Beginn des Gottesdienstes auf die Kanzel legt. Eines Sonntags entwendet ein junges freches Gemeindemitglied heimlich die letzte Seite.

Was passiert? Gerade liest der Pfarrer vor: „Und Adam sprach zu Eva ...“, da blättert er weiter und findet das letzte Blatt nicht, sucht durch das Manuskript und wiederholt, um Zeit zu gewinnen: „Und Adam sprach zu Eva ...“

Plötzlich fügt er leise hinzu, aber über die Lautsprecher ist es bis in die letzte Bank deutlich zu vernehmen: „... da fehlt doch ein Blatt!“

„Haarige“ Predigt

Ein Prediger predigt lange, sehr lange. Plötzlich steht einer der Zuhörer auf und geht. Der Prediger fragt: „Wo gehen Sie denn hin?“

„Zum Friseur“, antwortet der Gefragte.

Ruft ihm der Prediger hinterher: „Warum sind Sie nicht vorher gegangen?“

Erwidert der Zuhörer: „Da war’s noch nicht nötig.“

Kochtopf-Theologie

Schon seit längerem wunderte sich der Pastor von Ballwitz, dass ihm seine Gemeindemitglieder schlagartig von einem bestimmten Zeitpunkt an bei seinen Besuchen die herrlichsten Dinge, die die Speisekammer eines Bauern hergab, zum Essen hinstellten. Zuerst freute er sich und langte auch kräftig zu, denn seine eigenen Vorräte wirkten dagegen bescheiden. Doch allmählich wunderte er sich und schließlich wurde er besorgt: Hatte jemand verbreitet, er sei ein Fresser und Säufer geworden? Diese Vermutung war sicher falsch, also forschte er nach und fand den wahren Grund heraus:

Er war als Pastor von Ballwitz immer bestrebt, den Konfirmandenunterricht so anschaulich wie möglich zu halten. Dabei hatte er sicher oft manchen gewagten und einseitigen Vergleich gebraucht. Zum Abendmahl hatte er gesagt: „Christus setzt sich mit uns an den Tisch, weil er uns lieb hat. Wen man nicht gern hat, den lädt man auch nicht zum Essen ein. Ich merke das immer wieder bei meinen Hausbesuchen. Die Leute, die mich lieber draußen als drinnen sehen, fertigen mich vor der Tür oder im Flur ab. Die Leute aber, die sich richtig freuen, bieten mir etwas zu essen an. Sie wollen mir damit zeigen, dass sie mich gern haben. So gibt auch Christus uns an seinem Tisch in seinem Haus zu essen und zu trinken."

Ob die Konfirmanden diese theologisch anfechtbare Erklärung des Abendmahls begriffen hatten, ließ sich nicht feststellen. Aber nun verbreitete sich in den Dörfern die Meinung: Der Pastor achte genau darauf, was

man ihm anbietet. Dabei wurden ihm die Hosen zu knapp und die Jacken spannten.
Das Problem bestand nun darin, der Gemeinde theologisch fundiert „durch die Blume hindurch" beizubringen, dass sie ihn nicht mästen solle, denn der Grund der guten Fütterung war ja auch gewissermaßen theologisch fundiert. Also wälzte er die Heilige Schrift und predigte und unterrichtete die kommende Zeit über Bibelstellen, in denen Menschen fasteten oder wilden Honig und Heuschrecken – aber darauf hatte er auch keinen Appetit – aßen. Allmählich verstand ihn die Gemeinde und bewirtete ihn wieder ganz normal.
Ergo: Welch Glück, dass es für jede Gelegenheit die passenden Bibelstellen gibt.

Bitte mit Kassler

Der Priester, in Gedanken schon beim Mittagstisch sitzend, leitet seine Predigt mit den folgenden Worten ein: „Im heutigen Evangelium erzählt Jesus zwei Gleichnisse: vom Senfkorn und vom Sauerkraut."

Der fürsorgende Gott

Ein amerikanischer Pastor sagte, als es zum Beginn seiner Predigt draußen plötzlich in Strömen zu regnen beginnt: „Seht, so gut ist der Herr! Während wir hier sitzen und uns erbauen, wäscht er draußen unsere Autos."

Ersatz

Die Predigt des Gastpfarrers ist sehr langweilig und der Pfarrer findet kein Ende. Immer wieder fügt er eine neue „letzte Bemerkung“ an. Schließlich fällt ihm doch auf, dass die Gemeinde langsam unruhig wird. Deshalb fragt er einen Gottesdienstbesucher in der ersten Reihe, ob er eine Uhr dabei hätte.
„Nein“, bedauert dieser, „aber in der Sakristei hängt ein Kalender.“

Die Erscheinung

Ein Pastor unterbricht seine Predigt und schaut fast zwei Minuten verklärt nach oben. Die Gemeinde verharrt geduldig. Schließlich erklärt der Pastor: „Ich hatte gerade eine Erscheinung!“
Die Gemeinde ist tief bewegt, weil gerade ihr Pastor einer Erscheinung gewürdigt wird. Am Ausgang wird er von einer Frau teilnahmsvoll gefragt: „Herr Pastor, was für eine Erscheinung hatten Sie denn?“
„Eine Alters-Erscheinung!“, erklärt er bereitwillig.

Kaffeegenuss

Der Pfarrer, ein leidenschaftlicher Kaffeetrinker, ist in Gedanken noch ganz bei seinem Sonntagsfrühstück, und so erzählt er in seiner Predigt: „Der heutige Tagesheilige ist Konrad von Parzham. Er war Mönch im Cappucinoorden.“

Lügen-Predigt

Der Pfarrer beginnt seine Predigt mit den Worten: „Meine liebe Gemeinde, in Vorbereitung auf die heutige Predigt zum Thema „Lüge“ habe ich euch gebeten, zu Hause das 17. Kapitel des Markusevangeliums zu lesen. Wer hat denn diese kleine „Hausaufgabe“ erfüllt?“ Alle Hände gehen nach oben.

„Nun“, fährt der Pfarrer fort, „da seht ihr, wie nötig die heutige Predigt ist. Das Markusevangelium hat nämlich nur 16 Kapitel!“

Wertvoller Rat

Ein Kollege fragt Martin Luther, den großen Reformator und begnadeten Prediger, wie er so wirksame Predigten zustande bekomme und welcher Hilfsmittel er sich bediene.

Luther erwidert: „Lieber Bruder in Christo! Schlag’ die Bibel auf, geh’ frisch auf die Kanzel ’nauf, tu’s Maul auf und hör’ bald wieder auf.“

Der Hauptmann

Ein Berliner Pfarrer fragt im Kindergottesdienst: „Nun, habt ihr beim Evangelium gut zugehört? Von welchem Hauptmann mit seinem kranken Diener berichtet uns heute der Evangelist Matthäus?“

Eine „Berliner Göre“ selbstbewusst: „Vom Hauptmann von Köpenick!“

Der Fleischzipfel

Der Pfarrer: „Die heutige Predigt hat das dritte Kapitel des Briefes des Apostels Jakobus zur Grundlage. Es geht dort um den Fleischzipfel, mit dem die gräulichsten von allen Sünden getan werden."

Etwas leiser fährt er fort: „Soll ich ihn euch nennen?"

Noch leiser fügt er hinzu: „Nein, ich werde ihn euch zeigen!" – und streckt der Gemeinde die Zunge heraus.

Gekürzte Predigt

Der Pfarrer spricht in der Sonntagspredigt über die Schöpfung Gottes, die sich selbst in den kleinsten Dingen zeigt.

„In jedem Grashalm, den Gott geschaffen hat, steckt eine ganze Predigt."

Am nächsten Tag kommt ein Gemeindemitglied am Pfarrhaus vorbei und beobachtet den Pfarrer beim Rasenmähen.

„Guten Tag, Herr Pfarrer", ruft er freudig aus, „ich sehe mit Freude, dass Sie Ihre Predigten kürzen."

Anschaulicher Vergleich

Der Pfarrer predigt über Neid und Missgunst unter den Menschen. Er wählt ein Beispiel, um der Gemeinde deutlich zu machen, dass jeder auf seinem Platz glücklich werden und nicht immer nach den anderen schauen soll. „Seht, die Rose braucht die Sonne, die Fuchsie hingegen wächst nur im Schatten."
In der Woche trifft er ein altes Mütterchen. „Was haben Sie so schön gepredigt, Herr Pfarrer. Jetzt weiß ich endlich, warum meine Fuchsien nicht gedeihen."

Langweilige Predigten

Gespräch auf dem Kirchhof: „Der Pfarrer müsste einfach mehr Feuer in seine Predigten legen."
Antwort: „Oder umgekehrt: mehr Predigten ins Feuer."

Scharfe Predigt

Meine guten Bauern freuen mich sehr;
eine „scharfe Predigt" ist ihr Begehr.
Und wenn man mir es nicht verdenkt,
sag ich, wie das zusammenhängt.
Sonnabend, wohl nach elfe spat,
im Garten stehlen sie mir den Salat;
in der Morgenkirch mit guter Ruh
erwarten sie den Essig dazu;
der Predigt Schluss fein linde sei:
Sie wollen gern auch Öl dabei.

Eduard Mörike, 1804-1875, ev. Pfarrer und Dichter

Eigenwilliges Gebet

Vor dem Gottesdienst am Sonntag eröffnet die Pastorenfrau ihrem Mann, dass sie einen neuen Taft für ihren Kragen braucht. Der Pastor ist aber mit der Anschaffung nicht einverstanden. Daraus wird ein hitziges Wortgefecht, das wegen des Gottesdienstbeginns jedoch nicht zu Ende geführt werden kann.

Während des Gottesdienstes beschäftigt ihn das so, dass ihm beim Fürbittgebet ein Versprecher passiert. Statt: „Gib uns Kraft zum Tragen“, betet er: „Gib uns Taft zum Kragen“.

Detektivischer Spürsinn

Ein Pastor besaß einen Apfelbaum. Aber die Äpfel daran wurden immer auf unerklärliche Weise weniger, und eines Tages, gerade als er sie pflücken wollte, waren sie in der Nacht zuvor alle gestohlen worden. Nein, nicht alle, zwischen den Ästen hing noch ein einziger Apfel, den der Dieb offenbar übersehen hatte.

Daraufhin beschloss der Bestohlene, den Täter während des Gottesdienstes herauszufinden. Er nimmt den Apfel mit in die Kirche, schildert in seiner Predigt, wie alle Äpfel von seinem Baum gestohlen worden sind, und ruft schließlich: „Den letzten Apfel will ich dem Dieb an den Kopf werfen!“

Er holt aus, da ruft eine Frau erregt: „Karl-Heinz, duck dich.“

Und der Mann neben ihr verschwindet unter der Bank.

Der Pastor aber lacht befriedigt: „Nun weiß ich, wer mir die Äpfel gestohlen hat!“

Prioritäten

Der Pfarrer steht vor der Gemeinde, und es soll der Hirtenbrief des Bischofs verlesen werden: „Die Predigt muss heute ausfallen, denn ich habe euch etwas Wichtiges zu sagen."

Reihenfolge

Am Samstagabend fragt der Pfarrer den Kaplan, worüber er zu predigen gedenke.
Der Kaplan: „Ich dachte an die Tugend der Sparsamkeit!"
Der Pfarrer: „In Ordnung, aber wir werden die Kollekte wohl besser vorher einsammeln!"

Überlisteter Betrug

Zu den Probepredigten, die, damit die Gemeinde sich ein klares Bild machen kann, nacheinander im gleichen Gottesdienst über den gleichen Text gehalten werden sollte, treffen zwei Pfarramtsbewerber am Vorabend im Dorf ein. Sie werden im gleichen Wirtshaus untergebracht.
Bewerber Amann sagt des Nachts seine Predigt laut und oft vor, um sie sich richtig einzuprägen.
Bewerber Bemann, nur durch eine dünne Lehmwand von ihm getrennt, hört ihn und stellt mit Entsetzen fest, dass die Predigt seines Mitbewerbes wesentlich besser ist als die eigene.
Da er aber am nächsten Morgen als erster predigen soll, beschließt er einen kühnen Trick. Er lernt die Predigt von

nebenan gleich mit auswendig und hält sie dann auch im Gottesdienst.
Die Gemeinde ist hocherfreut über die vorzügliche Auslegung. Dem Bewerber Amann aber scheinen alle Felle weggeschwommen. Er hat mit steigender Entrüstung eben seine eigene Predigt gehört. Was soll er tun? Nur die Zeitspanne des Liedes bleibt ihm zum Überlegen.
Dann betritt er die Kanzel und erklärt: „Liebe Gemeinde! Wir haben soeben eine so ausgezeichnete Predigt über den vorgeschriebenen Text gehört, dass ich nicht weiß, was ich Besseres darüber sagen könnte. Deshalb möchte ich euch lieber die Predigt meines Mitbewerbers um so nachdrücklicher einprägen und sie jetzt im Gottesdienst aus dem Gedächtnis noch einmal halten."
Sprach's und hielt seine Predigt, die er, da es seine eigene war, natürlich noch besser beherrschte als Bemann. Nun waren die Bauern angesichts dieses Beweises fabelhafter Gedächtniskraft erst recht hingerissen. Sie wählten Amann einstimmig.

Lange Predigt

Zwei Geistliche unterhalten sich. „Ich habe neulich über eine Stunde gepredigt", sagt der eine.
Der andere fragt erstaunt: „Da musst du doch völlig fertig gewesen sein?"
„Ich nicht, aber die Gemeinde hättest du sehen sollen."

Die wundersame Brotvermehrung

Ein Landpfarrer spricht von der Kanzel aus über die Erzählung von der wunderbaren Brotvermehrung. Dabei verspricht er sich: „Stellt euch vor, meine Brüder, was das heißt: fünf Menschen mit fünftausend Broten zu speisen!“

Dem Küster in seiner Ecke entschlüpft die Bemerkung: „Das könne jeder andere auch!“

Ersticktes Gelächter unter den Gläubigen.

Am nächsten Sonntag berichtigt sich der Pfarrer: „Ich habe mich neulich versprochen. Ich wollte sagen, dass der Herr fünftausend Menschen mit fünf Broten gespeist hat.“

Zum Küster gewandt, fügt er hinzu: „Und diesmal kann das kein anderer auch!“

„Doch“, gibt der Küster zurück, ohne die Fassung zu verlieren, „Sie vergessen die Reste vom letzten Sonntag!“

Aufgeregt

Im Rahmen seiner Pfarrausbildung muss der Pastor einen Gottesdienst in einer ihm nicht vertrauten Kirche halten. Unbewusst sucht er etwas, um sich festzuhalten, und findet eine Schraube, die in die Kanzel hineinragt. Während der Predigt spielt er die meiste Zeit damit herum. Zu seiner großen Erleichterung scheint die kleine Gemeinde höchst aufmerksam.

Nach dem Gottesdienst kommt ein junger Mann auf ihn zu und meint, er habe sich gut gehalten, angesichts der Nervosität.

„Woher wussten Sie, dass ich nervös war?", fragte der Pastor.
„Nun", antwortete der Mann, „während der gesamten Predigt drehte sich das an der Kanzel angebrachte Kreuz wie ein Propeller!"

Schwacher Glaube

Ein Priester predigte seiner Gemeinde über die wunderbare Brotvermehrung. Bei der Zahl der Menschen unterlief ihm allerdings ein Fehler: statt von fünftausend Menschen sprach er immer von fünfhundert.
Als der Küster ihn in der Sakristei vorsichtig darauf aufmerksam machte, raunzte der Priester: „Ach was, die glauben ja nicht mal an die fünfhundert."

Wunder

Ein besonders eifriger Prediger will der Gemeinde die Hinfälligkeit des irdischen Lebens veranschaulichen und versteigert sich zu der Behauptung:
„Wenn Gott will, kannst du morgen als Toter aufwachen."

Das gleicht sich aus

Der Pfarrer auf der Kanzel: „Liebe Gemeinde, ich habe eine schlechte und eine gute Nachricht! Die schlechte: Ich bin nicht vorbereitet. Die gute: Aber der Bibeltext ist gut!"

Besseres Geschäft

Einen Berner Pfarrer verdross es, dass ein alter Bauer jedes Mal während seiner Predigten einnickte. Kurz entschlossen versprach der Geistliche dem Enkel des Alten zehn Räppli, wenn er seinen Großvater durch einen Schubs wachhalte. Einige Sonntage ging alles gut. Aber am fünften Sonntag nach der Übereinkunft sank der Großvater wieder in Schlummer, und der Enkel an seiner Seite rührte sich nicht.

„Was soll das heißen?", fragte der Pfarrer den Knirps nach dem Gottesdienst. „Bekommst du nicht pünktlich deine zehn Räppli, damit …"

„Mei Großbappe", unterbrach ihn der Bub, „gibt mir jetzt zwanzig, wänn ich'n schlafe lass …"

Vergebliche Mühe

Der junge Pfarramtskandidat hat in seiner Predigt alle Beweise für das Dasein Gottes vorgetragen und steigt befriedigt von der Kanzel. Vor der Kirche tritt ein altes Gemeindeglied auf ihn zu, sieht ihm fest in die Augen und sagt: „Und es gibt doch einen Gott."

Gekürztes Wort Gottes

Der Pastor tut sich schwer bei der Ausarbeitung seiner Predigt. Immer wieder streicht er ganze Passagen. Der Pastorensohn beobachtet das eine Weile und sagt dann: „Du sagst doch immer, in der Predigt rede Gott zur Gemeinde. Warum streichst du dann die Hälfte?"

Fragwürdiger Rat

Predigt des jungen Priesters: „Und immer wenn ich einen Betrunkenen aus einer Kneipe kommen sehe, sage ich zu ihm: Du bist auf dem falschen Weg, kehre um!"

Vergesslicher Briefeschreiber

Einem Geistlichen wird vor der Predigt ein Brief überreicht. In dem steht nur ein einziges Wort: „Blödmann". Der Gemeinde erzählt er davon und meint: „Ich kenne viele Beispiele dafür, dass jemand einen Brief schreibt und dann vergisst, ihn zu unterschreiben. Aber das ist der erste Fall, dass jemand unterschreibt und den Brief zu schreiben vergisst!"

Die zehn Gebote

Der Pfarrer predigt über die zehn Gebote. Als er beim Gebot „Du sollst nicht stehlen" angekommen ist, sieht er, wie in der dritten Reihe ein Mann zusammenzuckt und verstohlen seine Nachbarn zu mustern beginnt. Als der Pfarrer später in seiner Predigt zum Gebot „Du sollst nicht ehebrechen" spricht, sieht er, wie der Mann in der dritten Reihe sich plötzlich wieder entspannt auf der Bank zurücklehnt und lächelt.
Des Pfarrers Neugier ist durch diesen Vorgang derart geweckt, dass er nach dem Gottesdienst den Mann anspricht, was das denn zu bedeuten hatte.
Darauf der Mann: „Oh, das ist ganz einfach. Als Sie vom Gebot „Du sollst nicht stehlen" sprachen, da fiel mir plötzlich auf, dass mein Regenschirm verschwunden war. Als Sie dann zu „Du sollst nicht ehebrechen" kamen, wusste ich wieder, wo ich ihn habe stehen lassen."

Verraten

Der Pfarrer predigt gegen den Egoismus und gegen die Gier. „Die Menschen denken nur noch an sich, an ihre Vergnügen, an das Trinken und Essen. Während wir zum Beispiel hier noch in der Kirche sind, sitzen die meisten Leute schon drüben in der Gastwirtschaft und essen mir den leckeren Kalbsbraten weg."

Auf heiligem Boden – in und um das Gotteshaus

An der Kirchentür

Tritt ein!

An der Kirche hängt ein Plakat: „Gott hat immer für dich Zeit."
Darunter ist ein Schild befestigt: „Täglich geöffnet von 7.00 bis 20.00 Uhr."

Angemessene Kleidung

Es stand an der Kathedrale: „Der Dompropst heißt alle Touristen herzlich willkommen. Er möchte aber darauf hinweisen, dass in der Kirche keine Gelegenheit zum Schwimmen gegeben ist. Daher ist es völlig unnötig, die Kathedrale in Strandkleidung zu betreten."

Bedenkenswert

Der Pfarrer nutzt alle Möglichkeiten, seinen sündigen Schäfchen ins Gewissen zu reden. Als in einem sehr heißen und trockenen Sommer das Thermometer über 35

Grad im Schatten zeigt, hängt er ein selbstgefertigtes Plakat an die Kirchentür.
Auf diesem prangt in großen Buchstaben der Satz: „Wenn es euch jetzt schon so heiß ist, solltet ihr euch mal überlegen, wie heiß es erst in der Hölle sein wird!"

Saisonbedingt
Längere Zeit erregte eine ungeschickte Zusammenstellung zweier Schilder am Portal einer Londoner Kirche Heiterkeit.
Das erste lautete: „Das ist Gottes Haus, die Tür zum Himmel."
In einem kalten Winter wurde darunter folgender Text angebracht: „Während der kalten Jahreszeit bleibt diese Tür geschlossen."

In der Kirche

Warnung
Am schwarzen Brett einer Kirchgemeinde stand aus gegebenem Anlass folgender Hinweis: „Bitte achten Sie auf Ihre Handtaschen – nicht alle Besucher des Gottesdienstes sind bereits bekehrt!"

Merkwürdige Vermeldungen

Weil der Pfarrer krank war, rief er seinen Küster und bat ihn, die Gemeinde am Sonntag mit einigen Vermeldungen wieder nach Hause zu schicken. Er soll den Leuten sagen:
„Am Montag ist Taufe.
Am Dienstag probt der Männerchor.
Am Mittwoch ist Hochzeit.
Am Donnerstag ist Peter und Paul.
Am Freitag ist Herz-Jesu-Freitag.
Am Samstag kommt der Bischof zur Firmung. Die Kollekte ist für den Peterspfennig.
Und in der Kirche ist eine Handtasche hängen geblieben. Sie ist in der Sakristei abzuholen.
Kannst du dir das alles merken?“
„Jaja ...“
Am Sonntag stellt sich der Küster vor die Gemeinde und verhaspelt sich gründlich:
„Am Montag ist Taufe, dabei singt der Männerchor.
Am Mittwoch ist Hochzeit, es heiraten Peter und Paul.
Am Donnerstag ist Herz-Jesu-Freitag.
Am Samstag kommt der Bischof zur Firmung und sammelt für den Peterspfennig.
Seine Handtasche hängt schon in der Sakristei.“

Aufgeweckt

In den zwanziger Jahren des letzten Jahrhunderts lebte in Neustrelitz im alten Pfarrhaus der emeritierte Oberkirchenrat Ahlers. Obgleich der alte Herr schwerhörig war, ließ er es sich nicht nehmen, regelmäßig zum Gottesdienst zu erscheinen, der abwechselnd von den Pastoren Martins, Mützke, Michaelis und Zierke gehalten wurde. Er setzte sich in das für die Pfarrschaft bestimmte Gestühl und beteiligte sich eifrig an der Liturgie. Bei der Predigt hatte er es seines Ohrenleidens wegen sehr viel schwerer, und wenn die Predigt sehr lang war, fiel er in einen herrlichen Kirchenschlaf, der erst beim Predigtlied aufhörte.

Nun hatte einer der Pastoren die Angewohnheit, in seine Predigt ein „Aaaber, liebe Gemeinde" einzuflechten. Und dabei geschah es: Von einem sehr lautstarken „Aaaber" wachte der alte Herr auf, meinte, es sei eben das Amen gesprochen worden, sah auf die Liedtafel, kannte das Lied auswendig und begann mit immer noch kräftiger Stimme den Choral anzustimmen, wohl in der Meinung, die Orgel spiele bereits. Davon erwachte der Kantor auf der Orgelempore, gab dem Gebälktreter ein heftiges Zeichen, stürzte zum Spieltisch und fiel in die Melodie des Vorsängers und einzelner zögernd einstimmender Gemeindeglieder ein. Und gleich darauf erfüllte kräftiger Gemeindegesang den Kirchraum. Der Pastor auf der Kanzel war wie vor den Kopf geschlagen, dass man ihn mitten in seinem Redestrom unterbrochen hatte. Er überlegte, ob er den alten Oberkirchenrat als Schläfer bloßstellen und weiter predigen oder die Kanzel verlassen sollte. Seine Ritterlichkeit siegte. Er stieg nach unten, und die Gemeinde fand, es sei ein sehr schöner Gottesdienst gewesen, da sei endlich einmal etwas passiert.

Wink mit dem Zaunpfahl

Der Pfarrer des italienischen Ortes Nereto verteilte Äpfel an die Mädchen, die in Miniröcken oder schulterfreien Blusen zum Gottesdienst erschienen.

Mit einem Apfel wird an die Erbsünde von Adam und Eva erinnert, die sich nach dem Essen des Apfels plötzlich ihrer Nacktheit bewusst wurden und sich aus Scham vor Gott versteckten.

Und so funktioniert die „Strafaktion“ für Leichtbekleidete: Der Pfarrer zeigt dem Ministranten die „Sünderinnen“, und dieser übergibt dann während der Messe den Apfel. Aber auch Männer in Shorts sind vor dieser Geste nicht gefeit.

Karsten Lackmann

Verhindert

Ein besonders dreister Einbrecher hatte sich darauf spezialisiert, Altargeräte aus den Kirchen zu stehlen und zu verhökern. Als er gerade wieder einmal mit reicher Beute eine Kapelle verlassen will, ist ihm, als habe sich Christus am Kreuz hinter ihm bewegt. Verdutzt tritt er an den Altar und hört eine Stimme: „Du hast Glück! Du hast Glück!“

Der Dieb lässt vor Schreck seine Beute fallen. „Wer spricht mit mir?“, fragt er ängstlich.

Und er hört, wie sich vom Kreuz her die Stimme wiederholt: „Du hast Glück. Du hast Glück, dass ich angenagelt bin! Sonst würde ich dich sonst wohin treten ...“

Sportlich

In der Sakristei sieht der Pfarrer ein Paar Schlittschuhe liegen. Er fragt die Ministranten: „Wem gehören denn die?“

Philipp antwortet zögernd: „Den Eisheiligen ...?“

Vermeldung

Bei den Vermeldungen verkündete der Pfarrer: „In unsere Kirche wird eine neue Lautsprecheranlage eingebaut. Ein Gemeindemitglied hat sie im Andenken an seine verstorbene Frau gestiftet.“

Alte Sitte

In einer kleinen Dorfkirche war es vor Jahrzehnten noch üblich, die für den Gottesdienst vorgesehenen Lieder an der Liedtafel nicht nur mit ihrer Nummer, sondern auch mit dem Textanfang anzukündigen. Diese Sitte gab man jedoch auf, als bei einer Brautmesse zum Entsetzen des Paares und der Gäste Folgendes zu lesen war:

> *Habet Kinder ...*
> vor der Trauung 1 bis 2,
> nach der Trauung 3 bis 5.

Befriedigt

Gehorchen wird jeder mit Genuss
Den Frauen, den hoch geschätzten,
Hingegen machen uns meist Verdruss
Die sonstigen Vorgesetzten.

Nur wenn ein kleines Missgeschick
Betrifft den Treiber und Leiter,
Dann fühlt man für den Augenblick
Sich sehr befriedigt und heiter.

Als neulich am Sonntag der Herr Pastor
Eine peinliche Pause machte,
Weil er den Faden der Rede verlor,
Da duckt sich der Küster und lachte.

Wilhelm Busch

Schwer umzusetzen

Bei Gemeindeexerzitien erheitert der Pfarrer ungewollt die andächtig versammelte Gemeinde mit den Worten: „Nun lasst uns in der Stille und mit lautem Herzen beten."

Tonprobleme

Während des Kindergottesdienstes bemerkt der Pfarrer, dass das Mikrofon nicht funktioniert. „Mit dem Mikrofon stimmt etwas nicht", sagt er.
Brav antworten die Kinder: „Und mit deinem Geiste."

Nicht so wichtig

Herr und Frau Meier sitzen in der Kirche. Plötzlich stößt Frau Meier ihren Mann an und flüstert: „Der Herr vor uns schläft!"
Darauf Herr Meier vorwurfsvoll: „Aber deswegen brauchst du mich doch nicht zu wecken!"

Verkorkster Gottesdienst

Der Pfarrer ist heute ein wenig unkonzentriert. Dies überträgt sich auf die Gemeinde, was wiederum den Pfarrer verärgert. Die von ihm gewünschte andächtige Stimmung ist schließlich endgültig dahin, als dem Pfarrer beim „Lamm Gottes" auch noch ein Versprecher unterläuft: „Herr, ich erbarme mich deiner."

Steigerung

Mit ergreifenden Worten beschwört der Pfarrer die Gemeinde, aus Dankbarkeit Gott und der Kirche gegenüber wieder zur Einrichtung des Kirchenzehnts zurückzukommen.

Ein Gemeindemitglied ist so gerührt, dass es zu seinem Banknachbarn sagt: „Ein Zehntel? – Ich will sogar ein Zwanzigstel geben!!"

Verhindertes Zeichen

Die Leute in einem Dorf wollten nicht mehr recht zur Kirche kommen. War es Trägheit, oder waren die trockenen Predigten des Pastors schuld? Jedenfalls beschloss er eine sensationelle Werbeaktion. Er ließ am Pfingstsonnabend bekannt machen, morgen werde der Heilige Geist in der Kirche erscheinen. Dabei sagte er dem Küster Bescheid, er solle heimlich eine Taube fliegen lassen.

Nun aber besaß der Pastor eine Katze. Die ging am Sonntagmorgen unbemerkt hinter ihm her in die Kirche, hinauf auf die Chorempore und fraß die dort bereitgestellte Taube auf.

Und so kam es dann, wie es kommen musste: Mit gewaltiger Gebärde ruft der Pastor: „Der Heilige Geist erscheine!" – Pause, Schweigen.

„Der Heilige Geist erscheine" – Pause.

Dann die bekümmerte Stimme des Küsters von der Empore: „Den Heiligen Geist hat die Katze gefressen!"

Wiederverwertbar

Aus den Vermeldungen: Nächsten Sonntag halten die Elisabethfrauen ihren großen Verkauf zugunsten des neuen Altersheims. Eine gute Gelegenheit, loszuwerden, was des Aufhebens nicht lohnt, aber doch zu gut ist, weggeworfen zu werden. Bringt eure Ehemänner mit!"

Hab Erbarmen

Verärgert darüber, dass immer wieder Leute zu spät zum Gottesdienst kommen und dadurch die feierliche Andacht stören, betet der Pfarrer: „O Herr, segne, die auf ihren Plätzen sitzen, gib deine Gnade denen, die hierher unterwegs sind, und habe Erbarmen mit denen, die sich jetzt fertig machen und niemals kommen werden."

Nach der Kirche

Preiswert

Als die Familie die Kirche verlässt, beginnt der Vater gleich über die Predigt und den Kirchenchor zu schimpfen, aber Gisela weiß den Vater vortrefflich zu besänftigen: „Was willst du denn, Vater? Für die zwanzig Cent, die du für unsere ganze Familie in das Opferkörbchen gegeben hast, war das Programm doch wirklich ganz gut."

Gut gemeint

Wenn der Pfarrer die Kirchenbesucher nach dem Gottesdienst einzeln verabschiedet, fühlt sich jeder verpflichtet, ihm etwas Nettes zu sagen. Die folgende kleine Blütenlese aus den Aufzeichnungen eines Pastors zeigt, was manchmal dabei herauskommt:

„Sie verstehen es wirklich großartig, die Zeit auszufüllen."

„Ich weiß nicht, was die Leute haben. Mir gefallen Ihre Predigten."

„Wenn ich gewusst hätte, dass Sie heute so gut sind, hätte ich unseren Nachbarn mitgebracht."

„Wissen Sie eigentlich, dass die Kirchenfenster aus 243 Scheiben zusammengesetzt sind?"

„Sie sollten nicht so oft predigen müssen."

Um die Kirche

Überdimensional

Der Küster des kleinen Dörfchens war in die Stadt gefahren, um ein neues Altartuch zu bestellen. Dort angekommen, stellt er entsetzt fest, dass er den Zettel mit den Maßen und dem Spruch vergessen hat. So telegrafiert er zurück und erhält als Antwort: „Ein Kind ist uns geboren. Zwei Meter breit und vier Meter lang."

Reparaturen

Die Kirche einer kleinen Stadt war sehr alt, und so hatte der Zahn der Zeit an den Bildern und Statuen genagt. Der Pfarrer beauftragte deshalb einen Restaurator mit der Überholung. Nach Abschluss der Arbeiten forderte dieser 20 Taler Lohn. Der Kirchenvorstand wollte jedoch gern eine detaillierte Rechnung zu den Akten legen können, und so verfasste der humorvolle Künstler folgende Aufstellung:

Gottvater den Bart länger gezogen und versilbert	2,50
Neue Sterne an das Firmament gesetzt	3,00
Dem Engel Gabriel neue Flügel gegeben	3,00
Hemd des verlorenen Sohnes geflickt	1,50
Das Rote Meer vom Schmutz gereinigt	2,00
Hohepriester gewaschen	1,50
Dem Teufel neue Hörner angedreht	2,50
Dem Petrus einen Zahn eingesetzt	0,50
2 bunte Federn für Petri Hahn	1,50
Das Gesicht der hl. Hedwig geölt und neu bemalt	2,00
	20,00

Schutzpatron

Wie heißt der Schutzpatron der Kirchenglocken-Läuter?
Heiliger Bimbam.

Nicht gut genug

Die Pfarrwahlkommission konnte und konnte sich nicht zu einem Vorschlag zur Wahl eines Pfarrers durchringen, weil kein Bewerber das Idealbild verkörperte, das den guten Leuten unverrückbar vor Augen stand.

Schließlich sagte der Vorsitzende seufzend: „Tja, nun habe ich hier noch eine Bewerbung. Aber sie klingt nicht sehr Vertrauen erweckend. Der Mann schreibt von sich selber, er sei nicht ganz gesund, ihm habe seine Krankheit in der Gemeindearbeit schon ernstlich zu schaffen gemacht. Zwar verfüge er über weitreichende Erfahrungen, halte es aber nie lange in einer Gemeinde aus. Nur in einer sei er immerhin drei Jahre geblieben. Öfters habe er Streit mit Amtsbrüdern oder bestimmten Gruppen in der Gemeinde. Organisation sei nicht seine starke Seite. Man sage ihm nach, dass er gelegentlich sogar vergesse, wen er getauft habe. Andererseits dürfe er wohl annehmen, dass er ein recht guter Theologe und Prediger sei. Auch meine er, den Heiligen Geist zu haben. Wenn die Gemeinde es mit ihm versuchen wolle, werde er ihr dienen, so gut er könne."

Allgemeine Entrüstung. Was? Ein kränklicher, streitsüchtiger und gedächtnisschwacher Mann wagte es, sich zu bewerben? Man stimmte ab: Nein, den Mann lud man gar nicht erst zur Probepredigt ein.

Der Vorsitzende schloss seufzend die Akten. „Das habe ich mir schon gedacht. Aber Sie sollten doch wenigstens den Namen dieses bedauernswerten Mannes erfahren. Es ist der Apostel Paulus."

Problemlösung

Zwei Pfarrer treffen sich und scheinen betrübt: „In meinem Glockenturm hausen die Fledermäuse, und die wollen einfach nicht verschwinden. Obwohl ich die Glocken immer besonders lange läuten lasse, bleiben sie, wo sie sind."

„Bei mir ist es noch schlimmer, bei mir sind die Viecher sogar oben im Schiff. Und wenn Gottesdienst ist, muss ich die Predigt abkürzen, sonst stürzen sie sich auf die Gläubigen."

Kommt frohen Sinnes ein dritter Pfarrer des Wegs: „Na, Kollegen? Ihr seht ja so betreten drein, was ist denn los?"

Die beiden klagen ihm ihr Leid: Fledermäuse. „Ja", sagt der dritte, „die hatte ich auch. Sind aber alle weg!"

„Wie, weg?", fragen die zwei. „Wie hast du denn das hingekriegt?"

„Ganz einfach. Zuerst habe ich sie getauft und dann gefirmt. Dann waren sie weg."

Singet dem Herrn – ein musikalisches Potpourri

Bitte nicht wörtlich nehmen

Am Anfang des Gottesdienstes sagt der Pfarrer: „Der Organist kann heute leider nicht spielen. Deshalb stimme ich die Lieder an, und dann fällt die ganze Kirche ein."

Eingeständnis

Mit einunddreißig Jahren erhielt Dietrich Buxtehude (1637–1707) die Organistenstelle an der Marienkirche in Lübeck. In der Folgezeit erwarb er sich hohes Ansehen als Komponist und Organist weit über den norddeutschen Raum hinaus, nicht jedoch bei dem Kirchenchor, den er selbst leitete.

Seinem angestauten Ärger machte er Luft, als er einmal den Auftrag erhielt, zu einem besonderen Fest eine Kantate zu schreiben. Der Text, den er dafür auswählte, begann mit den Worten: „Wir können nichts tun ohne die Gnade des Herrn."

Da Buxtehude diesen Satz in einer Fuge verarbeitete, hörte die Festversammlung mit innerem Vergnügen, wie zuerst die Bässe bekannten: „Wir können nichts, wir können nichts", dann die Tenöre zugaben: „Wir können nichts, wir können nichts", und auch Alt und Sopran versicherten: „Wir können nichts, wir können nichts."

Als schließlich der gesamte Chor mit aller Inbrunst herausschmetterte: „Wir können alle nichts, wir können alle nichts", hatte jeder im Saal verstanden, wie das gemeint war.

Zu Höherem berufen

Einem Dorfpfarrer wird plötzlich in der Kirche, als er eben die Kanzel zur Predigt besteigen will, schlecht – er hat es mit dem Kreislauf.

Während der Pfarrer von einigen Männern in die Sakristei gebracht wird, holt sich der Kantor schnell ein Pre-

digtbuch, steigt auf die Kanzel und schlägt, verständlicherweise erregt, die erstbeste Predigt auf, um sie zu verlesen.
Zu seinem Unglück erwischt er eine Abschiedspredigt, die der Verfasser der Predigtsammlung gehalten hatte, als er zum Ordinariatsrat berufen worden war. So liest der Kantor, als er den Fehlgriff bemerkt, zunächst stockend und verwirrt, dann aber mit trotziger Entschiedenheit, seinen Zuhörern vor, dass er hiermit sein Amt niederlege, da es Seiner Exzellenz, dem Bischof, gefallen habe, ihn in sein Ordinariat zu holen.
Die Bauern werden von dieser Nachricht zu Tränen gerührt und erkennen zum ersten Mal, welch ein hochberühmter, würdiger Mann ihr Kantor sein müsse. Sie gehen daher nach Ende des Gottesdienstes sämtlich zu ihm, der Bürgermeister an der Spitze, um den begehrten Mann auf das Feierlichste zu bitten, dass er bei ihnen bleibe.
Der Kantor aber lässt sich schließlich bewegen, noch einmal beim Bischof vorzusprechen und ihn zu bitten, in seiner Gemeinde bleiben zu dürfen.

Fromme Lieder

Der Kaplan kommt leicht verspätet zum Abendgottesdienst in die Sakristei. Der Organist wartet schon ungeduldig auf die Liste mit den Liedern, die gesungen werden sollen. Etwas atemlos ruft ihm der Kaplan zu: „Also, wir singen: Ich will dich lieben ... Wunderschön prächtige ... In dieser Nacht.“

Höllenqualen

Vor der Kirche hängt ein großes Plakat mit der Aufschrift: „Weißt du, was Höllenqualen sind?"
Darunter steht mit Kugelschreiber geschrieben: „Wenn nicht, komm hierher und höre dir den Organisten an!"

Die Beichte – wo aus Sündern wieder Heilige werden

Abhilfe

Hannes erzählt seinem Freund: „Ich soll heute Nachmittag zur Beichte gehen. Aber mir fällt gar keine Sünde ein."

„Das ging mir auch schon so", erwidert Rolf, „da hab' ich meinem Vater fünf Euro geklaut. Da hab' ich 'ne Sünde gehabt und noch fünf Euro dazu."

Verhütung

Der kleine Knirps beichtet zum dritten Mal in seinem kurzen Leben. Als letzte Sünde bekennt er noch: „Ich habe den Kindersegen verhütet", worauf der Priester sehr verwundert doch einmal nachfragen muss: „Was meinst du denn damit?"

Und der Junge antwortet: „Wenn die Mutti mich abends ins Bett bringt, macht sie mir immer ein Kreuzzeichen auf die Stirn. Aber einmal habe ich dazu keine Lust gehabt. Da habe ich die Decke über den Kopf gezogen und getan, als ob ich schlafe ...."

Falsch verstanden

Bei der Beichte: „Herr Pfarrer, ich habe Ehebruch begangen!“
„Wie oft, mein Sohn?“
„Herr Pfarrer, ich möchte beichten, nicht prahlen.“

Exakte Antwort

„Herr Pfarrer, ich habe gesündigt“, bekennt ein junges Mädchen im Beichtstuhl.
„Auf welchem Gebiet denn, mein Kind?“, fragt der Geistliche.
„Auf dem Gebiet des Stadtparks.“

Schönheit vergeht

Amalia macht sich zur Beichte fertig. Sie toupiert ihr Haar, schminkt sich ein wenig und denkt über ihre Sünden nach. Dann macht sich die 76-jährige Dame auf den Weg. Im Beichtstuhl erzählt sie dann ihre Sünden: „Manchmal, Herr Pfarrer, stehe ich vor dem Spiegel und sage mir: ‚Amalia, du siehst für dein Alter noch recht gut aus. Ja, richtig hübsch bist du noch. Eigentlich könntest du sogar noch einen Mann bekommen, so wie du dich immer zurecht machst.‘ Herr Pfarrer, ist das Eitelkeit?“
Der Pfarrer schaut kurz durch das Gitter: „Das ist keine Eitelkeit, sondern ein Irrtum.“

Reden ist Silber ...

Der Pfarrer eines kleinen bayerischen Dorfes sitzt am Sonntag zum Frühschoppen im Wirtshaus und schaut griesgrämig vor sich hin. Kommt der Wirt an den Tisch: „Na, Herr Pfarrer, was ist denn mit Ihnen los?“

„Na, soll man nicht grimmig sein, wenn man gleich früh einen Ehebruch gebeichtet bekommt?“

Kommt die hübsche Wirtin aus der Küche mit einer Schüssel Weißwürste: „Gell, Herr Pfarrer, da waren Sie erstaunt, wie ich heute früh bei Ihnen beichten war?“

Karten auf den Tisch!

Eine junge Dame kniet im Beichtstuhl. „Auch habe ich“, bekennt sie leise, „einen jungen Mann sehr geschätzt.“ „Geschätzt?“, fragt der Beichtvater. „Wie oft?“

Schwere Buße

Der Wanderzirkus macht im Dorf Station. Ein Artist geht abends zur Beichte. Der Pfarrer fragt ihn danach, was er denn für ein Artist sei. Dieser macht ihm einige Kunststücke vor: Salto, Kopfstand ohne Hände, Rolle. Dann läuft er auf den Händen zum Beichtstuhl zurück. Der Pfarrer gibt ihm beeindruckt den Segen.

Aus der hinteren Ecke kommt die schon etwas ältere nicht ganz dünne Rosi aufgeregt zum Pfarrer: „Aber mir geben Sie bitte nicht so eine schwere Buße auf!“

BEICHTE
Karsten Lachmann

Sünde ist nicht gleich Sünde

Ein Junge aus dem katholischen Gymnasium kommt zum Beichten.

„Pater, ich habe nach dem letzten Fußballturnier eine Schlägerei gehabt."

„Und was weiter?"

„Da habe ich einem vors Schienbein getreten, dass er umgefallen ist und geheult hat."

„Und weiter?"

„Dann habe ich ihm noch ein Büschel Haare ausgerissen."

„Das sind sehr schlimme Sünden, mein Sohn, du hast dreimal gegen die Gesetze der christlichen Nächstenliebe verstoßen. Was sollen wir da bloß machen! Gegen wen habt ihr denn überhaupt gespielt?"

„Gegen die Schüler vom Martin-Luther-Gymnasium."

„Naja, Jungen sind halt Jungen, bet'st ein Ave Maria als Buße."

Gottes Fußvolk – die (un)gläubigen Gemeindemitglieder

Kleiner Verstand

Bei einem Empfang hatte ein Geistlicher einen Tischnachbarn, der sich in ziemlich abfälliger Weise über Religion und Kirche äußerte. So sagte er, direkt an den Geistlichen gewandt: „Wissen Sie, ich habe für den ganzen faulen Zauber, der in den Kirchen veranstaltet wird, nicht viel übrig. Ich glaube nur, was ich mit meinem Verstand begreifen kann."

„Mit anderen Worten", sagte darauf der Geistliche, „Sie glauben also an gar nichts."

Zweifellos

Beim Setzen der Rundfunkprogrammvorschau zog ein Setzer versehentlich zwei Meldungen zusammen. So konnte man lesen: „10.35 Uhr: Wettervoraussage des amtlichen Wetterdienstes. Aber Gott weiß es besser! Kirchlicher Vortrag."

Handwerker unter sich

Ein Schreiner, ein Elektriker und ein Maurer streiten sich, wer das älteste Handwerk hat. Sagt der Maurer: „Wir haben damals in Ägypten die Pyramiden gebaut!"
Meint der Schreiner: „Wir bauten Noachs Arche."
Darauf der Elektriker: „Jungs, das könnt ihr alles vergessen! Als Gott sprach: ‚Es werde Licht!', da waren schon alle Leitungen verlegt."

Todsicheres System

„Wie machst du das eigentlich, dass du immer im Lotto gewinnst?", fragt Friedrich seinen besten Kumpel.
„Ganz im Vertrauen: ich schreibe mir am Sonntag in der Messe immer die Zahlen vom Liedanzeiger auf, und das klappt eigentlich immer."
Friedrich probiert das auch aus. Nach zwei Wochen treffen sie sich wieder, aber Friedrich ist enttäuscht: „Alles Quatsch, nicht ein Treffer!"
Da fragt der Kumpel: „In welcher Kirche warst du denn?"
„In Sankt Josef."
„Ja, das ist natürlich falsch. Du musst nach Sankt Martin gehen. In Sankt Josef ist Rennquintett!"

Besucherschwund

Drei Damen unterhalten sich über den Rückgang der Zahl der Kirchenbesucher.
Die erste: „In unserer Gemeinde sitzen manchmal nur vierzig Leute zusammen."

Die zweite: „Das ist gar nichts. Bei uns sind wir oft nur zu zehnt."
„Bei uns ist es noch viel schlimmer", erklärt die dritte. „Immer wenn der Pfarrer sagt ‚Geliebte Gemeinde', werde ich rot."

Gute Führung
„Ja, lieber Gott", betet Gerhard, „bis jetzt habe ich mich heute sehr gut aufgeführt. Ich habe über niemanden getratscht und habe immer die Fassung bewahrt. Ich war zu keinem Menschen grob oder gemein, ich war absolut nicht egoistisch. Da bin ich wirklich froh. Aber in ein paar Minuten, Gott, brauche ich wirklich deine Hilfe, weil: dann stehe ich auf und mache Frühstück ..."

Heiliger Lebenswandel
Schon als junger Mann entschloss sich Maier, ein Gott gefälliges Leben zu führen. Das erzählte er auch überall. Er erzählte es jedem, der es hören, und auch dem, der es nicht hören wollte. Zehn Jahre später geht er zum Arzt, weil er ständig Kopfschmerzen hat.
„Sie dürfen nicht so viel essen", klärt ihn der Arzt auf.
„Ich kasteie meinen Leib und faste", erwidert der fromme Maier.
„Dann dürfen Sie nicht zuviel trinken. Der Alkohol steigt in den Kopf und verursacht Kopfschmerzen", fährt der Arzt fort.

„Ich habe noch nie in meinem Leben Alkohol zu mir genommen. Und so Gott will, werde ich auch nie einen Tropfen anrühren."
„Dann müssen Sie mit dem Rauchen aufhören."
„Ich rauche nicht."
„Hm", sagt der Arzt, „dann gibt es nur eine Erklärung für ihre Kopfschmerzen: Ihr Heiligenschein drückt Sie."

Frommer Rat

Ein Pfarrer beobachtet einen Dachdecker bei der Arbeit. Plötzlich rutscht dieser weg und schliddert über das steile Dach. „Halte dich an Gott fest, mein Sohn", ruft ihm der Geistliche zu. Darauf der Dachdecker: „Ich bin froh, wenn ich die Dachrinne noch erwische."

Aberglaube

Hubertus hat über der Tür seines Hauses ein Hufeisen angebracht, das nach einem alten Volksglauben Glück bringen soll. Der Pfarrer spricht ihn darauf an: „Aber, Hubertus, du bist doch nicht etwa abergläubig?"
„Nein, natürlich nicht, aber man sagt doch, dass es auch dann hilft, wenn man nicht daran glaubt."

Kleiner Glaube

Was ist ein Kleingläubiger?
Jemand, der um Regen bittet und das Haus ohne Regenschirm verlässt.

Steuerpatron

Wer ist der Schutzpatron in Steuersachen?
Der hl. Bartholomäus. Dem wurde bei lebendigem Leib die Haut abgezogen.

Irrtum

Die Pfarrgemeinde des Dorfes führt ein Passionsspiel auf. Matthias, der für den ausgerechnet am Ausführungstag erkrankten „römischen Hauptmann" einspringt, sticht in der Aufregung mit der Lanze in die verkehrte Seite des Heilands, die keineswegs vorsorglich gepolstert war wie die richtige.
Da hört man den leidenden Heiland vom Kreuz herab rufen: „Warte nur! Wenn ich wieder unten bin, mach' ich dich fertig!"

Humorloser Gott

Friedrich wankt leicht angesäuselt von der Kirmes nach Hause. Als er über den schmalen Steg des Flüsschens gehen muss, schickt er vorsichtshalber ein Stoßgebet zum Himmel: „Herrgott, hilf mir, dass ich gut rüberkomme!"
Nur noch ein paar Schritte vom anderen Ufer entfernt murmelt er: „Na, es wäre wohl auch ohne den Herrgott gegangen." Aber just in diesem Moment rutscht er aus und fällt ins Wasser. Als er mühsam wieder ans Ufer gekrochen ist, schaut er vorwurfsvoll Richtung Himmel: „Lieber Herrgott, du wirst doch wohl noch einen kleinen Spaß vertragen!"

Selbst ist der Mann

Der Pfarrer geht am gut gepflegten Garten von Wilhelm vorbei. Über den Zaun ruft er dem stolzen Hobbygärtner anerkennend zu: „Da habt ihr beide, der liebe Gott und du, ja ein ganz ansehnliches Werk zustande gebracht."
„Also, Herr Pfarrer", erwidert Wilhelm, „da hätten Sie den Garten einmal vorher sehen sollen, wie der ausgesehen hat, als der liebe Gott noch allein am Werk war."

Kleines Versehen – große Wirkung

Ein Mann will in Florida Urlaub machen. Seine Frau ist auf Geschäftsreise und plant, am nächsten Tag nachzukommen. Als der Mann in seinem Hotel ankommt, will er seiner Frau eine kurze Email senden.
Leider findet er den Zettel nicht, auf den er die Email-Adresse geschrieben hatte, also versucht er sein Bestes und schreibt die Adresse aus dem Kopf. Er vergisst jedoch einen Buchstaben, so dass seine Nachricht stattdessen an eine ältere Pastorenfrau geschickt wird, deren Ehemann gerade am Tag zuvor gestorben war.
Als die trauernde Witwe ihre neuen Emails liest, blickt sie auf den Monitor, schreit laut auf und sinkt ohnmächtig zu Boden.
Auf dem Bildschirm war folgendes zu lesen:
„Liebste Ehefrau, ich habe gerade eingecheckt. Alles ist für deine Ankunft morgen vorbereitet. Dein dich unendlich liebender Ehemann.
P. S.: Es ist wahnsinnig heiß hier ..."

Lieblos

Pfarrer Wood führt ein recht erbärmliches Leben in Blackbridge und beschließt deshalb, von dort fortzugehen. In seiner Abschiedspredigt verkündet er:
„Es gibt drei Gründe, die mich zu diesem Schritt bewogen haben: Ihr liebt mich nicht, ihr liebt euch nicht untereinander, und der Herr liebt euch nicht.
Ihr liebt mich nicht, denn sonst hättet ihr längst mein rückständiges Gehalt bezahlt. Ihr liebt euch nicht untereinander, denn es gibt für mich keine Trauungen und Taufen vorzunehmen. Und selbst Gott will von euch nichts mehr wissen, denn hier stirbt ja auch keiner."
Man verspricht ihm Besserung.

Falscher Adressat

Norbert springt mit dem Fallschirm ab. Doch dieser öffnet sich nicht. In seiner Not ruft er: „Heiliger Antonius, rette mich!"
Und wirklich, da ergreift ihn eine Hand aus der Höhe und stoppt seinen Absturz. Schon seufzt Norbert erleichtert, als eine Stimme fragt: „Welcher Antonius?"
„Na, der von Padua!"
Er spürt, wie die Hand sich wieder öffnet und ihn loslässt: „Der bin ich nicht!"

Das Allerheiligste

In einer gut katholischen Gegend ist ein kleineres Dorf ohne Pfarrer; die tägliche Messe feiert ein pensionierter Geistlicher. Als der von dort wegzieht und die Messe im Dorf damit ganz ausfällt, gibt der Dekan bekannt, dass er nun das Allerheiligste aus der Kirche entfernen müsse.

Daraufhin entsteht große Erregung im Dorf, Proteste im Pfarrgemeinderat, Briefe an den Bischof, Telefonanrufe beim Dekan: „Wir lassen uns das Allerheiligste nicht nehmen."

Der Dekan versucht einer Frau die Gründe zu erklären: Die geweihten Hostien im Tabernakel könnten nun nicht mehr regelmäßig erneuert werden, sie dürften auch nicht ganz ohne Aufsicht bleiben, sie müssten deshalb jetzt weggenommen und zur Pfarrkirche gebracht werden ...

Darauf die Frau: „Was Sie mit Ihren Hostien machen, ist uns völlig gleichgültig; aber das Allerheiligste, das lassen wir uns nicht wegnehmen!"

Verpflichtung

Ein junger Mann will ein keusches junges katholisches Mädchen küssen. „Das darfst du doch nicht tun."

„Doch, bei Gott, ich muss es tun", seufzt er.

„Nun, wenn du es gelobt hast, dann musst du es tun", sagt das verliebte Mädchen, „aber lass es nicht zur Gewohnheit werden."

Wichtigere Frage

Ein bekannter bekennender Atheist kehrt in einer eleganten Gesellschaft stolz seinen Unglauben heraus und wettert gegen die Kirche und gegen die Christen. Da sagt ein bescheidener Besucher: „Wichtig ist nicht die Frage, ob Sie an Gott glauben."
„Welche denn?"
„Ob Gott an Sie glaubt."

Schwacher Trost

Im Arbeitsamt: „Einen Trost haben wir für Sie, Herr Wustke: Selbst unser Herrgott hatte nach sechs Tagen schon wieder keine Arbeit!"

Reumütig

In einer Kirche ist der Opferstock aufgebrochen worden. Ein paar Tage später erhält der Pfarrer einen Briefumschlag mit einem Zwanzig-Euro-Schein.
Auf einem beiliegenden Zettel steht: „Ich habe in Ihrer Kirche 100 Euro gestohlen. Da mich das Gewissen plagt, sende ich Ihnen hiermit 20 Euro zurück. Sollte mich das Gewissen weiter plagen, haben Sie mit weiteren Rückzahlungen zu rechnen."

Kindergebete

Auf dem Land sitzt ein alter Bauer vor der Kirche auf der Bank. Es ist Sommer, und es hat lange nicht geregnet.

Da kommt eine Schulklasse vorbei und will in die Kirche. „Was wollen Sie denn mit den Kindern in der Kirche?“, fragt der Bauer.
„Wir wollen um Regen bitten“, antwortet die Lehrerin.
„Seien Sie froh, dass Kindergebete nicht erhört werden, sonst wären Sie längst Ihren Job los.“

Alter Bekannter

Vor einem Dorf stand ein großes Kruzifix am Wege, und keiner ging an ihm vorüber, ohne ein Vaterunser zu beten.
Dieses Kruzifix aber war bereits arg verwittert, vom Regen verwaschen und von Sonnenhitze gerissen und zersprungen.
Der neue Pfarrer ließ daher ein neues, schöneres Kruzifix schnitzen.
Aber nun kam es seinen Bauern offensichtlich viel seltener als früher in den Sinn, stehen zu bleiben und ihr Vaterunser zu beten.
Da fragte er schließlich einen von ihnen, warum sie dem schönen neuen Herrgott so auffallend wenig Ehre erwiesen.
Lange wollte der Bauer nicht mit der Sprache heraus. Dann kratzte er sich hinterm Ohr und gab Bescheid: „Wissen S’, Herr Pfarrer, wir haben den neuen Herrgott ja noch als Birnbaum gekannt!“

Gewusst wie

Ein geiziger Bauer fällt in den Graben und ist am Ertrinken. Die Knechte kommen gelaufen und rufen: „Gebt Eure Hand, gebt Eure Hand ..." Aber der Bauer reagiert nicht und rudert weiter im Wasser herum.

Da kommt der Pfarrer vorbei und rät: „Der gibt nichts, ihr müsst rufen: Nehmt unsere Hände ..." Sofort ergreift der Bauer die ausgestreckten Hände und lässt sich ans Ufer ziehen.

Krankenlektüre

Eine Frau betritt die Buchhandlung. „Ich suche ein Buch für einen Kranken."

„Etwas Religiöses?"

„Nein, nein, so schlimm ist es nicht!"

Der Haken an der Sache

Nachdem der Pfarrer zwei Jahre lang den alten Matthes, einen verschmitzten und ungläubigen Bauern, belagert hat, gelingt es ihm endlich, ihn zu bekehren. Als er getauft ist, fragt der den Pfarrer: „Jetzt kann ich also sicher sein, dass ich in den Himmel komme?"

„Ja", sagt der Pfarrer, „natürlich unter der Voraussetzung, dass du in Zukunft keine Sünden mehr begehst."

„So, so!", meint der alte Matthes, „ich wusste doch, dass da wieder ein Haar in der Suppe ist!"

Analyse

„Wenn ich Ihnen helfen soll, muss ich alles von Ihnen wissen“, sagt der Psychiater. „Bitte erzählen Sie, und fangen Sie bitte vorne an!“
Patient: „Am Anfang schuf ich Himmel und Erde ...“

Teuflische Versuchung

Der Pfarrer begegnet auf der Straße Frau Knittke, die ein Kleid mit einem mehr als gewagten Ausschnitt trägt. Der Pfarrer, sichtlich schockiert ob der unzüchtigen Kleidung, fragt sie: „Konnten Sie den Teufel, der Ihnen zum Kauf dieses Kleides geraten hat, nicht von sich weisen?“ Darauf antwortet sie: „Das habe ich ja gemacht. Aber er hat sich im Fortgehen noch mal umgedreht und gesagt: ‚Das Kleid sieht selbst aus der Ferne noch umwerfend aus!‘“

Lasset die Kinder zu mir kommen – die lieben Kleinen

Kurz gefasst

Martin verrichtet jeden Abend vor dem Schlafengehen brav sein Nachtgebet. Eines Abends ist er nun schrecklich müde und so betet er: „Lieber Gott, siehe Gebetbuch Seite 43, Amen."

Undefinierbar

Der kleine Jonatan öffnet die Wohnungstür, an der es soeben geschellt hat. Vor der Tür sieht er einen Pater stehen, der Geld für die Mission sammelt.
„Mutti", ruft Jonatan und rennt in die Küche, „draußen steht jemand, der oben wie ein Mann aussieht und unten wie eine Frau."

Sonntagserlebnis

Thema des Schulaufsatzes: „Wie verbrachte ich den gestrigen Sonntag?"
Der kleine Norbert schreibt: „... nach dem Evangelium war die Predigt, welche unser Pfarrer Martin hielt. Auch das Wetter war ziemlich neblig und trocken."

Dreifaltigkeit

Als Regina das erste Mal von der Allerheiligsten Dreifaltigkeit hört, denkt sie eine Weile nach und fragt dann: „Mutti, wenn der liebe Heiland und der Heilige Geist nicht da sind, ist der liebe Gott dann einfältig?"

Tischgebet

„Lieber Gott, mach, dass ich gesund bleibe und dass die Vitamine im Kuchen sind und nicht im Spinat ..."

Kleines Dorf

Irene schreibt in einem Schulaufsatz über ihr Dorf: „Bei uns in Lichtewitz gibt es außer der Hauptstraße, welche das Rathaus, die Apotheke sowie die Gasthöfe zum Adler, Ross und Ochsen enthält, nur noch zwei Abwege, von denen der eine zur katholischen und der andere zur evangelischen Kirche führt."

Lots Frau auf Schwäbisch

Fabian erzählt zu Hause die Zerstörung der Städte Sodom und Gomorra nach und erwähnt dabei: „... und dann isch Lot's Weib zum Salz-Schweinle worre."
Die ältere Schwester berichtigt ihn: „Hanoi, zur Salzsäule isch se worre!"
Darauf rechtfertigt sich der Bruder: „Aber Säule isch doch ein zu wüschtes Wort fuer Lot's Weib!"

Heiliges Besteck

Die kleine Svenja will heute selbst das Tischgebet sprechen, und so sagt sie: „Segne, Vater, diese Gabeln …“

Schöne Bescherung

Als die Mutter wieder einmal den ungeliebten Spinat auf den Mittagstisch stellt, betet die kleine Elisabeth: „Komm, Herr Jesus, sei unser Gast. Dann siehst du, was du uns bescheret hast.“

Schwieriges Problem

„Papa, kommen Löwen in den Himmel?“
„Nein, Benjamin, Löwen kommen nicht in den Himmel.“
„Papa, kommt der Herr Kaplan in den Himmel?“
„Natürlich kommt der in den Himmel.“
„Papa, wenn nun ein Löwe den Herrn Kaplan frisst, kommt er dann in den Himmel?“

Gemeinheit

Laura nach dem Abendgebet im Bett: „Weißt du, Mama, was ich ganz gemein finde?“
Die Mutter schaut fragend.
Laura weiter: „Dass wir keine Geheimnisse vor Gott haben. Aber er hat so viele vor uns.“

Gott ist krank

Bitterlich weinend kommt der kleine Manuel aus dem Kindergottesdienst nach Hause.

„Der liebe Gott ist sehr krank“, schluchzt er, „vielleicht muss er sogar sterben.“

„Wer hat dir denn diesen Unsinn erzählt?“, fragt die Mutter.

„Der Herr Pfarrer hat es selbst gesagt“, erwidert Manuel, „bei den Vermeldungen hat er gesagt: ‚Ich muss der Gemeinde eine traurige Mitteilung machen. Heute früh hat Gott der Herr den allseits geschätzten Doktor Hansberger zu sich gerufen.‘“

Besonderer Segen

Nach dem Kindergottesdienst wiederholt Silvia für sich den Schlusssegen aus der Kirche: „Es segne euch der dreibeinige Gott ...“

Übertriebene Strafe

Die kleine Anna begleitet ihre Mutter beim Einkaufen. Trotz mehrfacher Ermahnung hopst und turnt sie herum. Es kam, wie es kommen muss: sie stürzt, und es fließen Tränen.

„Siehst du“, sagt die Mutter, „die kleinen Sünden bestraft der liebe Gott sofort.“

Darauf Anna empört: „Deswegen muss er ja nicht gleich so schubsen!“

Interessante Zuhörer
Mit den komplizierten Worten der Bibel hat der kleine Leon seine Schwierigkeiten. So berichtet er: „Jesus ging zur Synagoge und sprach zu den Parisern und Schriftgelehrten."

Schlechtes Gedächtnis
„Mutti", kommt der kleine Robert aus dem Religionsunterricht nach Hause, „der liebe Gott ist ein Trichter."
„Na, mein Sohn, da hast du doch bestimmt etwas falsch verstanden. Frag lieber noch einmal nach."
Nach der nächsten Religionsstunde berichtigt sich Robert: „Du hast Recht, Gott ist doch kein Trichter. Aber irgendwas aus der Küche war es. Er ist ein Schöpfer."

Wer weiß
Tobias ist von seinen Eltern bewusst atheistisch erzogen worden. Eines Tages stellt er jedoch eine Frage, die den Vater ziemlich gereizt durch die Brille schauen lässt: „Du, Vati, weiß der liebe Gott eigentlich, dass es ihn nicht gibt?"

Hörensagen
Thomas kommt aus der Kirche.
„Na, was hat der Pfarrer gesagt?", fragt der Vater.
„Er hat gesagt: Die Eltern sollen ihre Kinder nicht soviel fragen, sondern selber in die Kirche kommen!"

Gute Frage

Ein fremder Beichtvater hält auch die Sonntagsmesse und predigt und predigt und predigt ...
Die Leute rutschen schon ganz unruhig auf den Bänken hin und her, denn das sind sie von ihrem Pfarrer nicht gewohnt.
Plötzlich hört man eine helle Kinderstimme: „Mutti, ist noch Sonntag?“

Hohe Abzüge

Markus schreibt einen Brief an den lieben Gott: „Bitte schick mir hundert Euro!“
Da der Brief an den eigentlichen Adressaten schlecht zustellbar ist, weiß die Post grad nichts Besseres, als den Brief an den Bundeskanzler zu schicken. Der schickt an Markus einen Brief zurück mit 5 Euro drin.
Schreibt Markus zurück: „Danke, aber warum hast du ihn über den Kanzler geschickt? Der hat doch glatt 95 Prozent Steuern einbehalten!“

Mitleid

Die Kinder betrachten ein Bild, auf dem die Leiden der frühen Christen dargestellt sind. Zwei Märtyrer stehen mit erhobenen Händen in einer Manege, in der sich drei ausgewachsene Löwen befinden. Zwei der Bestien fallen gerade die beiden armen Opfer an.

„Was fällt euch an diesem schrecklichen Bild besonders auf?“, will die Religionslehrerin wissen.
Als die kleine Klara daraufhin aufschluchzt, kommen der Lehrerin Bedenken, ob das Bild nicht zu grausam für so junge Menschen sei. Sie fragt das Mädchen, was ihm denn so Leid tut.
Klara antwortet: „Einer von den armen Löwen bekommt nichts zu essen.“

Problem gelöst

Der kleine Markus spielt am Nachmittag draußen. Er benutzt den Besen der Mutter als Pferd und hat viel Spaß. Als es dunkel wird, ruft ihn die Mutter ins Haus. Den Besen vergisst Markus am Zaun.
Die Mutter macht gerade die Küche sauber, als sie ihren Besen vermisst. Sie fragt den Jungen, und der sagt ihr, wo sich der Besen befindet. „Dann geh ihn bitte holen“, meint die Mutter.
„Ich fürchte mich, es ist so dunkel da draußen“, gibt Markus zurück.
Die Mutter öffnet die Tür und meint: „Du brauchst keine Angst zu haben, Gott ist auch da draußen.“
Der kleine Junge geht ein Stück aus der Tür und ruft: „Lieber Gott, wenn du grad noch draußen bist, bring mir doch bitte mal den Besen vom Zaun mit.“

Anschauliche Schilderung

Im Geschichtsunterricht des christlichen Gymnasiums erzählt Benedikt recht anschaulich den gescheiterten Versuch von König Darius I. nach, der 490 v. Chr. die Reste Griechenlands einnehmen und sie dem Perserreich hinzufügen wollte: „Die Perser bekamen bei Marathon einen solchen Schreck, dass sie ausriefen: ‚Herr Jesus, da kommen die Athener!‘, und stürzten ins Meer.“

Neugier

Am Zeltlager nimmt auch der Pfarrer aktiv teil. Als er beim Aufbau des Feldaltars den ersten der vier Pfosten in den Erdboden treibt, gesellt sich Claudia zu ihm.
„Na, Claudia, willst du mir helfen?“, fragt der Pfarrer.
„Nein, eigentlich nicht“, antwortet sie, „ich will nur mal hören, was ein Pfarrer sagt, wenn er sich auf den Daumen klopft.“

Mit Verzögerung

Die Familie macht sich für den sonntäglichen Kirchbesuch fertig. Susanne wurde von ihrer Mutter bereits dreimal gerufen, aber sie rührt sich nicht.
Verärgert geht die Mutter in Susannes Zimmer: „Hast du mich nicht rufen hören?“
„Ja“, behauptet Susanne, „aber erst beim dritten Mal.“

Kompliment

Jana geht noch in den Kindergarten. Sie mag den Kaplan besonders gern. Eines Tages vertraut sie ihm an: „Wenn ich einmal groß bin und ein Kind bekomme, werde ich es auch Kaplan nennen."

Spiel vom schlafenden Jesus

Nach dem Sonntagsgottesdienst kommt die Familie nach Hause. Während die Mutter das Mittagessen zubereitet, ruht der Vater sich auf dem Sofa etwas aus. Da kommt die vierjährige Luisa an und bettelt: „Papa, können wir nicht miteinander spielen?"

Der Vater überlegt, ob es nicht ein Spiel gibt, bei dem er schlafen kann. Er erinnert sich an das eben gehörte Evangelium und hat den rettenden Einfall: „Luisa, lass uns spielen, wie Jesus auf dem Schiff geschlafen hat. Ich bin Jesus und du bist die Jünger. Das Sofa ist unser Schiff und überall ist Wasser ... und wenn das Mittagessen fertig ist, weckst du mich auf."

Luisa geht begeistert auf diesen Vorschlag ein. Sie rettet sich vor den „Wassermassen" auf das „Schiff".

Glücklich über diesen genialen Einfall schläft der Vater ein. Plötzlich schreckt er auf. Luisa steht auf dem „Schiff" und zeigt mit ihrer Hand nach unten: „Jesus, Jesus, deine Latschen stehn im Wasser!"

Religionsunterricht – Kindermund tut Wahrheit kund

Wunder

Im Religionsunterricht lässt sich der Lehrer die vielen wunderbaren Heilungen Jesu aufzählen. Die Schüler zählen auf:

„Die Aussätzigen machte er rein."

„Die Blinden sehend!"

„Die Gelähmten konnten wieder laufen."

Eines vermisst der Lehrer noch: „Und was tat er mit den Tauben?"

„Die ließ er fliegen!"

Barmherzigkeit

Der Lehrer versucht, den Kindern den Begriff Barmherzigkeit zu erklären.

„Passt mal auf", sagt er, „wenn ein Fuhrmann im Heiligen Land, von dem ich euch eben erzählt habe, auf einen Esel einschlägt, und ich hindere ihn daran, was ist das dann für eine Tugend?"

„Das ist Bruderliebe, Herr Lehrer!"

Schwieriges Rätsel

Im Religionsunterricht war eines Tages die Schöpfungsgeschichte dran. Zur Verdeutlichung der Natur und allem, was kreucht und fleucht, beschrieb die Lehrerin ein paar heimische Exemplare. Zum Beispiel: „Also, Kinder, was ist das: Es ist klein, braun und hat einen langen buschigen Schwanz. Und es hüpft von Baum zu Baum."
Leider wusste kein Kind, was die Lehrerin meinte. Schließlich fragte sie Werner, der bekannt war für sein logisches Denkvermögen.
Werner stand auf und meinte: „Also, mein gesunder Menschenverstand sagt mir ja, dass Sie ein Eichhörnchen meinen. Aber wie ich den Laden hier kenne, ist das wieder das liebe Jesulein!"
Nachmittags war die Lehrerin bei Werners Eltern eingeladen und erzählte hier die Geschichte mit einem verschmitzten Lächeln. Tante Ursula, schon etwas älter, aber meinte nur: „Das fromme Kind!"

Gute Tat

Der Lehrer in der Religionsstunde: „Es ist eure Pflicht, in jeder Woche mindestens einen Menschen glücklich zu machen. Hast du das in dieser Woche schon getan, Michael?"
Michael im Brustton der Überzeugung: „Jawohl, Herr Meyer."
„Gut, mein Junge, was hast du denn getan?"
Michael: „Ich habe meine Tante besucht, und sie war glücklich, als ich wieder nach Hause ging!"

Das tägliche Brot

„Warum beten wir eigentlich um das tägliche Brot, und nicht um das wöchentliche oder monatliche?“, fragt der Kaplan im Religionsunterricht.
„Vielleicht, damit das Brot frisch ist“, vermutet Sebastian.

Einfache Rechnung

„Und was geschieht, wenn du eins der zehn Gebote brichst?“, erkundigt sich der Pfarrer in der Religionsstunde.
Eins der Kinder meldet sich nach kurzem Überlegen und meint: „Na, dann sind's eben nur noch neun ...“

Falsche Frage

Der Religionslehrer will die Kinder darauf aufmerksam machen, ein Abendgebet zu beten. Er fragt Fritz: „Fritz, was machst du vor dem Schlafengehen?“
„Ich putze mir die Zähne.“
„Sehr brav, und was machst du, Hans?“
„Ich lese noch ein bisschen im Bett“, antwortet Hans.
Der Lehrer merkt, dass er so nicht zum Ziel kommt, und versucht es auf andere Weise. Er fragt Peter: „Peter, was machen deine Eltern vor dem Schlafengehen?“
Darauf wird Peter rot und sagt: „Herr Lehrer, ich weiß es, und Sie wissen es, aber mal ehrlich: Ist das eine Frage für die erste Klasse?“

Der Unterschied

Im Religionsunterricht wird über den Unterschied zwischen Mensch und Tier gesprochen.
„Der Mensch hat eine Geistseele“, erklärt der Lehrer, „er kann zum Beispiel sprechen.“
Daraufhin fragt Holger interessiert: „Wenn der Affe sagen könnte: ‚Ich bin ein Affe‘, wäre er dann schon ein Mensch?“

Missverständnis

Der Religionslehrer diktiert seinen Schülern: „Die Bischöfe sind die rechtmäßigen Nachfolger der Apostel.“
Im Heft von Ruth liest es sich dann so: „Die Bischöfe sind die recht mäßigen Nachfolger der Apostel.“

Teurer Verlust

Der sonst so lebhafte Philipp war heute ungewöhnlich schweigsam im Religionsunterricht. Mehrmals flossen ihm die Tränen über das Gesicht. Nach dem Grund gefragt, antwortet er schluchzend: „Mein Meerschweinchen ist gestorben.“
„Aber beim Tod deiner Großmutter vor vier Wochen hast du doch auch nicht so geweint“, will ihn der Pfarrer trösten.
Darauf Philipp: „Die habe ich auch nicht von meinem Taschengeld gekauft!“

Die Krankensalbung

Im Religionsunterricht wird über das Sakrament der Krankensalbung gesprochen.

„Der Priester salbt dem Kranken die Sinnesorgane mit heiligem Öl, damit sie von dem, was sie verschuldet haben, gereinigt werden“, erzählt der Lehrer, „Martin, erläutere das bitte näher.“

„Die Augen werden gesalbt, weil sie Unrechtes gesehen haben; die Ohren, weil man mit ihnen etwas gehört hat, was man nicht hören sollte; die Nase ...“, Martin überlegt und fährt dann zögernd fort, „... weil man darin gebohrt hat.“

Weise Voraussicht

Im Religionsunterricht erzählt der Lehrer, wie weise Gott in seiner Schöpfung für die Bedürfnisse der Menschen vorgesorgt hat. Als er die Klasse bittet, Beispiele dafür zu nennen, meldet sich Karl, der Sohn des Optikers: „Brillen gibt es erst seit ein paar hundert Jahren, aber der Mensch besitzt, damit er die Brille tragen kann, die Ohren schon seit Adam und Eva.“

Schlaue Antwort

Im Religionsunterricht wird eine Klassenarbeit geschrieben. Eine Frage lautet: „Wie viele Sakramente gibt es und wie heißen sie?“

Ein Mädchen antwortet: „Es gibt eine ganze Anzahl von Sakramenten, und ich heiße Christina.“

Tierquälerei

Im Unterricht werden Redensarten und Sprichwörter gelernt und geübt. Der Lehrer kommt für diese Stunde zu spät und rechtfertigt sich: er hätte soeben auf dem Wege ein entsetzliches Erlebnis gehabt: „Stellt euch vor, Kinder, da sehe ich einen Lümmel, der mit Steinen gezielt auf eine Katze einschlägt und ihr schließlich den Schwanz abhackt! – Welches Sprichwort fällt euch dabei ein?“

Viele Hände gehen hoch: „Quäle nie ein Tier zum Scherz, denn es fühlt wie du den Schmerz!“

Der letzte, ein Achtjähriger, gibt der Episode erst den metaphysischen Hintergrund: „Was Gott zusammengefügt hat, soll der Mensch nicht trennen!“

Gut gekontert

„Unser Pfarrer ist ein Fass“, schrieb eine übermütige Klasse vor dem Religionsunterricht an die Wandtafel.

Der gemütliche Pfarrer, einem Weinfass wirklich nicht unähnlich, bemerkt den Scherz und weiß damit umzugehen: „Seht ihr, Kinder, ein Fass ist gewöhnlich von Reifen umgeben, ich aber scheine nur von Unreifen umgeben zu sein.“

Das sechste Gebot

Der Referatsleiter für den Religionsunterricht ist angekündigt. Der Pfarrer schärft der ersten Klasse ein, den Herrn Ordinariatsrat ja nicht mit „du“ anzureden.

Im Unterricht werden die Zehn Gebote behandelt. Der Ordinariatsrat lässt es sich natürlich nicht nehmen, die Schüler zu befragen: „Na, wie heißt denn das sechste Gebot, du da hinten mit den schwarzen Haaren?"
Annegret steht auf: „Du sollst ... äh ... Sie sollen nicht ehebrechen, Herr Ordinariatsrat."

Die ersten Menschen

Der alte Pfarrer fragt selbstgefällig: „Warum hat der liebe Gott wohl zuerst den Adam und dann erst die Eva erschaffen?"
Pauline meldet sich: „Es ist wie beim Aufsatz. Erst schreibe ich das Konzept und dann das Original."

Am Anfang

Eine Lehrerin zeigt den Kindern ein Bild, wie Gott vor Erschaffung der Welt einsam über den Wassern schwebt (Gen 1,2). Damals, erklärt sie, hat es noch kein lebendes Wesen, weder Mensch noch Vieh, gegeben, nur Gott allein war immer schon da.
„So, so", meint der kleine Jan, „das sagen Sie – aber es wird wohl nicht ganz stimmen." Stumm weist er auf das vor ihm liegende Bild.
„Aber freilich war es so, wie ich gesagt habe", bekräftigt die Lehrerin.
„Wirklich? Und wer, meinen Sie, hat das Bild gemalt?"

Moderne Nacherzählung

„Was wurde denn heute in der Religionsstunde durchgenommen?“

„Der Krieg zwischen den Israelis und den Ägyptern.“

„Nanu! In der Religionsstunde?“

„Ja. Moses führte die Israelis auf Pontons über das Rote Meer auf die Sinaihalbinsel zurück. Die ganze ägyptische Armee unter dem Pharao kam hinterdrein. Aber wie sie mit ihren schweren Panzern auf die Pontons gefahren kamen, hielten sie das nicht aus und gingen alle unter.“

„Hat euch der Lehrer das so erzählt?“

„Nein, nicht ganz so. Aber weißt du, so wie er sie erzählte, war die Geschichte wirklich ganz unwahrscheinlich.“

Neuigkeit

Der Religionslehrer beschwert sich beim Rektor, dass der Max vom Bauern Meier nicht weiß, dass Jesus am Karfreitag gestorben ist. Der Rektor beruhigt den Lehrer und bringt den Max mit dem Auto nach Hause, um mit dem Vater zu sprechen.

„Also, Bauer Meier, es ist schon traurig, der Max weiß nicht, dass Jesus am Karfreitag gestorben ist.“

„Entschuldigung, Herr Rektor, wir haben hier draußen keinen Strom und daher weder Radio noch Fernsehen, wir haben auch keine Zeitung, wir wussten ja nicht mal, dass Jesus krank war.“

Wie schnell die Zeit vergeht

Im Religionsunterricht wird kurz vor Palmsonntag ein Bild von Jesus gezeigt, wie er in Jerusalem einreitet. Da hört man aus dem Hintergrund eine zarte Stimme: „Och, der ist aber seit Weihnachten gewachsen!"

Die „gute" Tat

Beim nachmittäglichen Treffen der Pfadfinder machen sich die Kinder aus, dass jeder eine gute Tat vollbringen muss. Eine Woche später treffen sie sich wieder und erzählen ihre guten Taten. Nur Klein-Fritzchen fehlt noch.

Endlich kommt er. Total zerzaust, zerkratzt und seine Sachen sind zerrissen.

Sagt der Pfadfinderleiter: „Na, Fritzchen, was hast du für eine gute Tat vollbracht?"

Sagt Fritzchen: „Ich hab einer alten Oma über die Straße geholfen."

Pfadfinderleiter: „Das ist ja prima, aber warum bist du so zerkratzt?"

Fritzchen: „Die wollte zuerst nicht ..."

Gottes Fähigkeit

Im Religionsunterricht wird über die Allmacht Gottes gesprochen. Daniel hat eine Frage: „Kann der liebe Gott einen ganz, ganz großen Stein machen, Herr Kaplan?"
„Natürlich kann er das."
„Und kann er den dann auch werfen?"
„Ja, na klar kann er das."
„Und kann der liebe Gott auch einen so großen Stein machen, dass er ihn nicht mehr werfen kann?"

Gelübde

Ein Pfarrer erzählt im Konfirmandenunterricht über Martin Luthers Gewittererlebnis: „Als der Blitz in den Baum einschlug, legte Luther in höchster Not ein Gelübde ab. – Wisst ihr, was ein Gelübde ist?"
Kurzes Schweigen. Dann meldet sich Franziska: „Ich weiß es. Mein großer Bruder hat eine."

Entstehung des Menschen

Im Religionsunterricht sagt der Pfarrer: „Heute erkläre ich euch, wie der erste Mensch entstanden ist."
Darauf Michael: „Interessanter wäre es zu wissen, wie der dritte Mensch entstanden ist."

Das Ende der Welt

Der Religionslehrer schildert den Kindern den Weltuntergang in den düstersten Farben:

„Sturm wird die Dächer von den Häusern reißen, dicke Hagelkörner werden die Fenster zerschlagen, die Flüsse und Bäche werden über die Ufer treten. Blitz und Donner werden über die Menschen hereinbrechen."

Fragt einer der Schüler: „Werden wir bei diesem Sauwetter dann schulfrei haben?"

Voraussetzung

„Was muss man vor dem Beichten tun?", fragt der Pfarrer die Religionsklasse. Fritzchen weiß es: „Vor dem Beichten muss man sündigen."

Neuer Beruf

Der Kaplan erzählt den Kindern die Geschichte von der Berufung der Apostel.

„Petrus war vorher ein einfacher Fischer", sagt er, „als ihn aber der Herr rief, ließ er seinen Beruf im Stich und wurde ...?"

„Polizist!", ruft Jochen.

„Polizist?", wundert sich der Kaplan. „Wie kommst du denn darauf?"

„Aber der Heiland hat doch selbst zu ihm besagt: Von nun an sollst du Menschen fangen."

Mariä Verkündigung

Der Katechet erzählt den Kindern, wie Maria das Jesuskind empfangen hat: „Maria sitzt in ihrer Stube, da tut sich plötzlich die Tür auf, und herein tritt mit zwei langen weißen Flügeln ..."

„Ich weiß schon, ich weiß schon", meldet sich die kleine Anne, „der Klapperstorch!"

Sichtbare Zeichen

Der Religionslehrer prüft einen Schüler über die Sakramente:

„Erste Frage: Was sind die sichtbaren Zeichen beim heiligen Abendmahl?"

„Brot und Wein", antwortet der Prüfling.

„Zweite Frage: Was sind die sichtbaren Zeichen bei der Taufe?"

Der Schüler hat eine Reihe jüngerer Geschwister, kann also auf praktische Erfahrung zurückgreifen. Und so lautet seine Antwort: „Kaffee und Kuchen."

Die Feste feiern, wie sie fallen – Höhepunkte im Gemeindeleben

Fröhlich durch das Kirchenjahr

Was macht ein Schotte mit einer Adventskerze
vor dem Spiegel?
Er feiert den 2. Advent ...

Krippenszene

Die Kinder sollen in der Schule ein Bild von der Weihnachtsgeschichte malen. Die Lehrerin geht durch die Klasse und sieht, dass Jakob neben der Krippe mit dem Jesuskind einen kleinen breit grinsenden Jungen gemalt hat. Sie fragt ihn, wer das sei.
„Na das ist doch der Owie."
„Welcher Owie?", fragt die Lehrerin irritiert.
„Na der aus ‚Stille Nacht', da heißt es doch: ‚Gottes Sohn, Owie lacht …'"

Königliches Geschenk

Mit dem Begriff Myrrhe kann die kleine Lena nichts anfangen, und so erzählt sie über den Besuch der drei Weisen an der Krippe: „… und als Gaben brachten sie Gold, Weihrauch und Möhren."

Erpressung

Ralf geht nach Weihnachten in die Stadt. Er besucht eine Kirche. Er schaut nach links, dann nach rechts, dann nimmt er aus der Krippe die Maria mit. Ralf geht in eine andere Kirche. Er schaut nach links, dann nach rechts und nimmt Josef mit. Zu Hause angekommen schreibt er einen Brief: „Liebes Christkind, bitte bringe mir nächstes Weihnachten einen Computer, sonst siehst du deine Eltern nie wieder."

Vater und Sohn

Florian, drei Jahre, kann noch kein „g“ sprechen. Zu Weihnachten kommt er in die Stube und staunt den Weihnachtsbaum und die Geschenke an. Florian: „Wer hat denn das hier hin’estellt?“

Vater: „Das heißt hingestellt.“

Florian: „Wer hat denn das hier hin’etan?“

Vater: „Hingetan.“

Florian: „Wer hat denn das hier hin’ele’t.“

Vater: „Das heißt hingelegt.“

...

Florian: „Ja, wer war denn das?“

Aschermittwoch

Am Ende des Gottesdienstes erinnert der Pfarrer die Kinder an den kommenden Aschermittwoch: „Also, Kinder, am nächsten Mittwoch sehen wir uns alle um 17 Uhr wieder hier; aus welchem Grunde, Margit?“

„Da werden wir alle eingeäschert.“

Schöner Gottesdienst

Die kleine Julia darf das erste Mal zur Feier der Osternacht mitkommen. Nach der Messe fragen die Eltern: „Na, Julia, was hat dir am besten gefallen?“

Darauf Julia: „Wie alle gesungen haben: ‚Hallo Julia!‘!“

Himmelfahrt

Am Fest Christi Himmelfahrt begegnet der Pfarrer beim Kirchgang dem Bauern Huber, der am hohen Feiertag mit seinem Traktor aufs Feld fährt. Entrüstet ruft der Pfarrer ihm zu: „Hallo, Huber-Bauer! Heut ist doch Himmelfahrt!“
Aber der Bauer Huber gibt seelenruhig zur Antwort: „Ich fahr net mit ...“

Gespräch im Zug

Der hannoversche Landesbischof Horst Hirschler verlas auf einer Landessynode den Brief einer Frau, die ihm ein Gespräch im Zug nach Magdeburg am Pfingstsonnabend schildert:
Schaffnerin: „Weiß eigentlich jemand, was Himmelfahrt los war? Ostern ist doch Jesus gekreuzigt worden.“
Frau: „Nein, Karfreitag ist er gekreuzigt worden, Ostern ist er auferstanden.“
Schaffnerin: „Und was war Himmelfahrt?“
Frau: „Da ist er gen Himmel gefahren.“
Schaffnerin: „Ach so, und Pfingsten ist er wiedergekommen.“
Frau: „Nein, da ist der Heilige Geist gekommen.“
Schaffnerin: „Dann ist es ja gut, dass uns Luther diese zwei freien Tage verschafft hat.“

Allerheiligen

Am 1. November, dem Fest Allerheiligen, betet der kleine Martin die Heiligen-Litanei eifrig mit: „... heilige Großmutter, bitte für uns."

Kindheitserinnerung

Als Kind sang ich inbrünstig „Sankt Martin, Sankt Martin ... dann ist der bittere Frostmann tot" (also der bedauernswerte, frierende Bettler) statt „... dann ist der bittere Frost mein Tod".

Definition

Was ist Koexistenz?

Koexistenz ist, was der Bauer mit der Gans bis St. Martin tut.

Die Gemeinde feiert

Die Glockenweihe

Aus einem Schulaufsatz: „Am letzten Sonntag wurden unsere neuen Glocken eingeweiht. Der Herr Bürgermeister und der Herr Pfarrer hielten schöne Reden. Danach wurden sie aufgehängt. Seitdem ist es in unserem Dorf viel gemütlicher."

Exakte Order

Vor dem feierlichen Firmgottesdienst gibt der Betreuer seinen Firmlingen eine letzte Anweisung: „Die Firmlinge versammeln sich vor der Kirche hinter der Kirche und nach der Kirche vor der Kirche!“

Gemeindefest

Zum Gemeindefest, zu dem auch die evangelische Nachbargemeinde eingeladen war, erheiterten die folgenden Eröffnungsworte noch lange alle Teilnehmer: „Liebe Gemeinde, liebe Mist-Christen!“

Dünne Moschee

Beim Gemeindefest wird ein Quiz veranstaltet. Eine Frage lautet: Wie heißt die berühmte Moschee in Istanbul, die ursprünglich eine Kirche war?
Nicht nur auf einem Zettel war die Antwort zu lesen: „Hagere Sophia“.

Auf dem Kirchentag

Beim Kirchentag stand an einer Messehalle mit Spray-Schrift geschrieben: „Jesus spricht auf dem Kirchentag zu uns.“
Mit einer anderen Schrift stand darunter zu lesen: „In welcher Halle?“
Ein Dritter bemerkte darunter: „Halleluja!“

Familienfeste

Falsches Zitat

Eine junge Frau erhält zur Hochzeit ein Telegramm ihres alten Pfarrers. Es lautet: „Johannes 4,18“ – Sie lässt sich vom Bräutigam eine Bibel geben, liest und fällt in Ohnmacht.

Die Verwandten heben Telegramm und Bibel auf. Die Stelle lautet: „Denn fünf Männer hast du gehabt, und der, den du jetzt hast, ist nicht dein Mann.“

Ein Anruf beim Pfarrer klärt die Sache auf. Auf dem Telegrafenamt war die erste Zahl nicht mit übertragen worden: 1. Es handelte sich also nicht um das Evangelium nach Johannes, sondern um den Ersten Brief des Johannes!

Die Stelle konnte nun der sich langsam erholenden Braut vorgelesen werden: „Furcht gibt es in der Liebe nicht, sondern die vollkommene Liebe vertreibt die Furcht.“

Klares Bekenntnis

Während der kirchlichen Trauung wendet sich der Pfarrer verärgert an den Bräutigam: „Junger Mann, ich erwarte, dass man auf meine Frage mit einem klaren ‚Ja‘ antwortet und nicht mit ‚Meinetwegen‘!“

Metamorphose

Bei der Trauung sagt der Pfarrer zum Brautpaar: „Reicht euch die Hände! Von nun an seid ihr Mann und Frau."
Fragt der junge Bräutigam irritiert: „Ach nee, was waren wir denn vorher?"

Verlorener Glaube

Die Emmentaler sind bekannt dafür, dass sie Feste richtig feiern können, besonders Hochzeiten. So kam es, dass der Pfarrer und sein Messner auf einer Hochzeit zu viel vom guten Wein angeboten bekamen und nach der Feier im Straßengraben landeten.
Nach einiger Zeit lallt der Messner: „Hochwürden, glauben Sie an die Auferstehung?"
„Für die nächsten drei Stunden bestimmt nicht", tönt es zurück.

Die Qual der Wahl

In der Telefonzelle steht eine Frau und blättert im Telefonbuch. Mehrere Leute warten ungeduldig vor der Zelle. Schließlich öffnet einer der Wartenden die Tür und sagt höflich: „Sie scheinen sich nicht zurechtzufinden; kann ich Ihnen vielleicht behilflich sein?"
„Ach nein", lehnt die Frau dankend ab, „ich will ja gar nicht telefonieren. Unser Baby soll getauft werden und da suche ich bloß einen hübschen Vornamen."

Sächsische Problemlösung

Gerda telefoniert mit ihrer Tante in Leipzig: „Mir fällt einfach kein passender Taufname für meinen Sohn ein."
Die Tante hilfreich: „Nu, meine Gute, das is doch gar keen Problem. Dein erster Sohn heißt Anton. Dann mache einfach mit'm Alphabet weiter, nenn ihn Baul!"

Zu lang

„Wie soll denn das Kind heißen?" fragt der Pfarrer bei der Taufe.
„Hans Christian Markus Uwe Karl Friedrich!", antwortet der stolze Vater.
Der Pfarrer flüstert dem Küster zu: „Mehr Wasser, bitte!"

Vorbereitung

Die Kleine war bei der Taufe außergewöhnlich artig und hatte kein einziges Mal geschrien. Der Pfarrer beglückwünscht die Eltern und sagt: „Ein Kind, das bei der Taufe so brav ist, habe ich noch nie gesehen."
„Kein Wunder", erwidert der Vater, „wir haben ja auch die ganze Woche geübt."

Hopfen und Reben – Gott hat's gegeben

Gott fürchten macht selig,
Bier trinken macht fröhlich,
Drum fürchte Gott und trinke Bier,
So bist du selig und fröhlich allhier.
An einem Wirtshaus, 1830

Der liebe Gott hat nicht gewollt,
dass Rebensaft verderben sollt.
Drum hat er uns nicht nur die Reben,
sondern auch den nöt'gen Durst gegeben.

Der größte Feind des Menschen wohl,
das ist und bleibt der Alkohol.
Doch in der Bibel steht geschrieben:
„Du sollst auch deine Feinde lieben."

Befiel dem Herrn deine Wege,
und sei ein guter Christ,
und meide schmale Stege,
wenn du betrunken bist.

Der Spätherbst ist, dass Gott erbarm,
für mich das Schlimmste schier:
Für Branntwein ist es noch zu warm
und schon zu kalt für Bier.

Wer Wein trinkt, schläft gut.
Wer gut schläft, sündigt nicht.
Wer nicht sündigt, wird selig.
Wer also gut Wein trinkt, wird selig.
William Shakespeare

Bier ist Menschenwerk,
Wein aber ist von Gott!

Verflucht sei Satans Niedertracht,
denn allzu Böses tat er.
Der Herrgott hat den Wein gemacht,
der Teufel schuf den Kater.

Brüder. Kommt geschwind.
Ich trinke Stern!
Dom Pérignon (1638–1715), als er das erste Mal Champagner trank. Dem experimentierfreudigen französischen Benediktinermönch, Kellermeister und Prokurator der Abtei Saint-Pierre d'Hautvillers, gelang es gegen Ende des 17. Jahrhunderts als Erstem, aus den stillen Weinen der Champagne perlende Weine zu machen.

Kein Aschermittwoch ohne Karneval – Büttenpredigten

Wir brauchen Klarheit, nicht bla bla, ein „Nein“ sei „nein“, ein „Ja“ sei „ja“

Mt 5,37f

Liebe Schwestern, liebe Brüder,
ich grüß auch dieses Jahr euch wieder,
zum Faschingsfest im Kirchenbau
froh mit „Grüß Gott“ und mit „Helau“.
Ich grüße die mit Hut und Kragen
und die, die so was niemals tragen.
Ich grüß die Lauen und die Frommen
und alle, die hierher gekommen.

Wir leben in besondren Tagen,
ich brauch darüber nichts zu sagen,
denn allen ist es ja bekannt:
St. Karneval regiert das Land
und sendet nun mit Sturmesbraus
viele tausend Narren aus,
dass sie mit leichter, lockrer Hand
Visite halten hier im Land,

und dass sie ziehn durch unsre Straßen,
um wieder mal den Marsch zu blasen:
Denen, die weit oben sitzen
und uns oft herzlich wenig nützen.
Denen, die zwar Reden halten,
beim Zuhörn doch auf Durchzug schalten.
Denen, die an allen Orten
sich sonnen in den großen Worten.
Doch dort, wo's gilt, was zu gestalten,
da müssen sie Siesta halten.

Die Narren sollen darauf schauen
und ihnen auf die Finger hauen,
damit sie auf dem Teppich bleiben.
Sie solln's ihn'n um die Nase reiben,
dass sie ihr Wort – ganz wohlgemessen –
schon nach ganz kurzer Zeit vergessen.
Wir brauchen Klarheit, nicht bla bla,
ein „Nein“ sei „nein“, ein „Ja“ sei „ja“.

Solche Rede neu zu ordern
und von allen einzufordern,
ist das Recht der Narrenschar
wie immer auch in diesem Jahr.
Auch ich wills wieder mal probieren,
mich hier als Narr zu präsentieren,
um einfach einmal laut zu sagen,
was mir seit langem liegt im Magen.
Ich kleid in Reime alles ein.
Das muss zur Narrenzeit so sein.

Doch – liebe Schwestern, liebe Brüder,
verehrte Pfarrgemeindeglieder –
um’s Sonntagsevangelium
kommt ihr auch heute nicht herum.
Reime hin und Reime her,
wir tuns auch heut so wie bisher:
Wir nehmen auf, was Jesus sagte
und was in seiner Zeit ihn plagte:
dass oft die Menschen warn nicht klar,
dass kaum ein „Ja“ war noch ein „Ja“.
Und auch ein „Nein“ war nie ein „Nein“,
sondern hieß zumeistens „Jein“.
Deshalb sagt er der Jüngerschar:
Euer „Ja“ sei stets ein „Ja“.
Wenn ihr’s nicht packt, dann lasst es sein.
Sagt klar ein „Nein“, dann gilt auch „Nein“.

Die Zeiten sind heut auch nicht klar.
Wo ist ein „Ja“ heut noch ein „Ja“?
Solang es nur ums Reden geht,
wird zwar gewaltig aufgedreht,
begeistert wird herumgeschwafelt,
Visionen werden aufgetafelt.
Und wenn du denkst, nun hast du’s klar,
stehst plötzlich du alleine da.
Sie bauen Häuser in die Luft,
und aller Zauber schnell verpufft.
Wenn wirklich etwas soll geschehen,
still siehst du sie von dannen gehen.
Doch dieses Schweigen hält nicht lang,

bald stehn sie wieder auf der Bank
und hauen mächtig auf den Putz,
was leider wieder keinem nutzt.
Solchen Leuten müssen Narren
kräftig fahren in den Karren,
dass auch für diese Schwätzerschar
ein „Ja“ gilt wirklich als ein „Ja“.

Da stehn wir dort, wo wir begonnen.
Was haben wirklich wir gewonnen?
Ein Neuanfang ist nicht in Sicht,
die gute Lösung gibt es nicht.
Denkt nur einmal an unsre Kirche,
was gibts da ständig für „Gewürsche“,
weil das, was einer sagt als „Ja“,
den anderen ist längst nicht klar,
sie sagen, dass da nichts bricht ein,
deshalb zunächst mal kräftig „Nein“.
So geht es hin, so geht es her –
wir machen uns das Leben schwer.
So manchen seh ich hier sinnieren,
hör ihn im Geiste schwadronieren:
„So sind wir halt, wir Menschenkinder:
etwas Engel, etwas Sünder,
ein bisschen gut, ein bisschen schlecht
und irgendwie vielleicht doch recht.
Wir könn’n nur kleine Messer schleifen
und nicht bis zu den Sternen greifen.
Wir reden weiter wie bisher,
weil alles andre närrisch wär.“

Ich streit nicht ab, damit ihr's wisst,
dass neues Reden närrisch ist.
Doch möchte mit Verlaub ich fragen:
Ist's uns nicht einfach aufgetragen
von dem, der niemals stört sich dran,
dass mancher ihn als Narr sah an.
Die Worte, die er uns gegeben,
werd'n den, der sie will wirklich leben,
immer vor den großen Massen
wie einen Narr'n erscheinen lassen.
Und dazu – das kann jeder spüren –
möchte Jesus uns verführen.
Wenn wenigstens einer finge an,
ein zweiter hängt sich dann schon dran.
Der dritte ist dann auch nicht weit,
dann wächst es weiter mit der Zeit.

Nun kann ich von hier oben spüren,
ihr fangt so langsam an zu frieren.
Drum brech ich ab und komm zum Schluss,
weil auch 'ne Predigt aufhörn muss.
Doch denk ich schon, sie konnt erhellen,
dass alte Texte Fragen stellen,
die gar nicht so nach früher klingen
und in Verlegenheit uns bringen.
Nun müssten einfach wir's probieren,
die neuen Wege aufzuspüren.
Und gings auch dreimal vor den Baum,
wir müssten einfach drauf vertraun,
dass der zum Ziele wird gelangen,

der Mut hat, stets neu anzufangen.
Es gilt, verehrte Christenschar:
Euer „Ja“ sei stets ein „Ja“.
Wenn ihr’s nicht packt, dann lasst es sein.
Sagt klar ein „Nein“, dann gilt auch „Nein“.
Und: redet nicht, wenn ihr nichts tut.
Sagt einfach „Nein“, dann ist es gut.
Wenn ihr dies nehmt als Handlungsrahmen,
dann sag ich zuversichtlich: Amen.

Claus Peter März

... und überall geht um die Kunde, den Letzten beißen doch die Hunde

Lk 6,27ff

Hört, Schwestern, Brüder, Gotteskinder,
hört Freunde, Feinde, Alltagssünder,
hört Schlechte, Gute, hört, ihr Besten,
hört, ihr vom Osten und vom Westen.
Hört alle, die ihr wohlgesonnen
zum Gottesdienst seid hergekommen.
Ich grüß euch heute, Mann und Frau,
hier mit „Grüß Gott“ und mit „Helau!“,
und wenn bei einem ist Bedarf,
auch mit „Heijo“ und mit „Alaaf.
Dass ich mit keinem mich verfeinde,
grüß ich die närrische Gemeinde.

Ich grüße euch mit Mann und Maus
voll Freude hier im Kirchenhaus.
Narren brauchts heut überall,
nicht nur am heil'gen Karneval.
Sie müssen wider allen Schein
stets sagen: Es könnt anders sein.
Wen'gstens Narren solln sich trauen,
auf die Pauke mal zu hauen,
um alle andern drauf zu trimmen,
neue Lieder anzustimmen.

Ja, Narren brauchts in diesen Zeiten,
da viele Dinge uns entgleiten,
da viel, worauf wir einst vertraut,
erwies sich als auf Sand gebaut,
da alle sehen, wie es steht,
und keiner weiß, wie's weiter geht.
Hier braucht man die, die ehrlich sagen,
was die Stunde hat geschlagen,
die deutlich auch beim Namen nennen,
was keiner sagt, weil's alle kennen.

Was solln wir da mit Heilspropheten,
was nutzen die Erfolgspoeten,
wenn überall geht um die Kunde,
den Letzten beißen doch die Hunde.
Und alle stelln sich darauf ein,
denn keiner will der Letzte sein.

Doch manchen regt das nicht mal auf:
„So ist er halt, der Weltenlauf,
wo's oben und wo's unten gibt,
wo man nur seine Freunde liebt,
wo Große groß sind, Kleine klein,
und wer's gepackt hat, der hat Schwein.
Die Welt verlangt halt ihre Spesen,
so ist es immer schon gewesen.
Und jedem braven Mann ist klar,
wer's anders sieht, der ist ein Narr."

Doch solche Narretei sich findet
in dem, was Jesus uns verkündet
und was man uns – gut kalkuliert –
heut als Frohbotschaft präsentiert:
Da soll dem Mann, der mich geschlagen,
ich nicht einmal die Meinung sagen,
statt dessen still mit frommem Sinn
die andre Wange halten hin,
und den nicht packen, der gesonnen,
an meine Habe 'ranzukommen.
Ich geb' dem, der mein Hemd zieht ein,
noch meinen Mantel obendrein.
Und jeden, der bei mir will borgen,
hätt ich mit Geld auch zu versorgen,
ganz gleich, ob mir der gute Mann
dasselbe auch zurückzahln kann.

Wenn das nicht eines Narren Sicht,
dann frag ich mich, was närrisch ist.

Die Leute stünden bei mir Schlange,
um mir zu haun die andre Wange.
Die Hemden würd man requirieren,
um auch die Mäntel zu kassieren.
Sie stünden da in langen Reihen,
um beutelweise Geld zu leihen,
weil sie ja aus der Bibel wüssten,
dass sie mir's nicht zurückzahln müssten.
Schlüg ich mich heut auf diese Seite,
dann wär ich morgen früh schon pleite.

Doch brauchts nicht solche Narrenzeichen,
wenn man was Neues will erreichen?
Brauchts die nicht, die vernehmlich sagen:
Ich fahr nicht mehr auf diesem Wagen.
Brauchts den nicht, der voll Übermut
einfach mal was andres tut,
damit die altgewohnte Welt
werd heiter auf den Kopf gestellt.

Drum, ihr Schwestern und ihr Brüder,
verehrte Pfarrgemeindeglieder,
wie wär's, wenn närrisch wir's probierten
und quer zum großen Trend marschierten,
wenn wen'gstens wir uns drauf verstehn,
mit'nander anders umzugehn,
dass hier in dieser unsrer Runde
den Letzten beißen nicht die Hunde
und dass man hört aus unsern Reihn:
Hier könnt man selbst der Letzte sein.

Ja, das hört sich närrisch an,
und das erbost den braven Mann,
der sagt: Ich hab mich krumm gemacht
und habs deshalb zu was gebracht,
warum soll ich jetzt ständig geben,
warum solln andre von mir leben?
Mir hat man niemals was geschenkt,
auch wenn manch andrer heut so denkt.
Ich musste graben, pflanzen, gießen,
nun ernte ich und kann genießen.
Und so solln's tun nach altem Brauch
gefälligst alle andern auch.

Doch weil manch Quelle nicht mehr sprudelt
und vieles in der Wirtschaft trudelt,
da hält man dann in Gottes Namen,
was man so hat, auch fest zusammen.
Geben ohne Sicherheit
passt nicht mehr in unsre Zeit.

Das alles zeigt die Richtung an:
Nur wo sich's lohnt, da legt man an,
nur was sich rechnet, das macht Sinn,
und außen vor – ist gar nicht drin.
Aus leeren Kassen schallt die Kunde,
passt auf, den Letzten holn die Hunde,
drum stellt euch alle darauf ein,
ihr wollt doch nicht die Letzten sein.

Mein Gott, was kann man da erwarten:
Die Bibel hat, scheints, schlechte Karten.
Und schweigend passt sich jeder an,
auch wer's nicht sagt, hält sich doch dran:
„Ich gebe dir, wenn du mir gibst,
ich lieb dich dann, wenn du mich liebst,
ich nütze dir, wenn du mir nützt,
ich stütze dich, wenn du mich stützt.
Ich zahl nur ein, wo's sich vermehrt,
und andres hat für mich kein'n Wert."

So gibt es oft frühzeitig schon
als Rat der Vater seinem Sohn:
„Die Welt, die ist auf Macht gebaut,
weil jeder nur sich selbst vertraut.
Durchsetzen heißt heut die Devise,
sonst schreibst am Schluss du immer Miese.
Weil das so ist, leg dich nicht quer –
wenn man dich schlägt, setz dich zur Wehr.
Am besten schlägst du zweimal zu,
dann hast du für die Zukunft Ruh."

Weil das so ist, brauchts Narrenzeichen,
den harten Boden aufzuweichen:
Zeichen, die sich mischen ein,
die sagen: Es könnt anders sein.
Menschen brauchts, die's auch riskieren,
nicht in Kolonne zu marschieren.
Solche, die sich setzen ein,
auch dort, wo's ihnen bringt nichts ein.

Solche, die es auch riskieren,
nicht jeden Schritt zu kalkulieren.
Leute brauchts, die's auch mal wagen,
nicht immer gleich zurückzuschlagen.

Natürlich, das sind meist nur Zeichen,
und oft könn'n sie nicht viel erreichen.
Es bringt nicht viel, und es ist schwer,
wenn ich mich närrisch stelle quer:
Doch wird so nicht die alte Welt
heilvoll auf den Kopf gestellt?

Was sagt von unsrem Land die Kunde,
wenn manche hier gehn vor die Hunde,
und was gesteht der Ratschlag ein:
Hier darfst du nie der Letzte sein?

Ich komme nun – das ist ein Muss –
so langsam zu der Predigt Schluss.
Drum könnt ihr bei den nächsten Sätzen
euch langsam schon bequem hinsetzen.
Nun müssten wir es wohl probieren,
die neuen Wege aufzuspüren.
Und gings auch dreimal vor den Baum,
wir müssten einfach drauf vertraun,
dass der zum Ziele wird gelangen,
der Mut hat, stets neu anzufangen.
Vielleicht sagt ihr: Du bist ein Narr!
Niemals kann das werden wahr!
Wir könn'n nicht auf den Himmel pochen,

weil wir doch nur mit Wasser kochen.
Dass ich ein Narr bin, geb ich zu,
deshalb geb ich ja keine Ruh.
Ein Narr sagt: Überall auf Erden
könnt es wirklich anders werden.
Und närrisch ist es auch gewesen,
was wir von Jesus da gelesen.
Vielleicht fehlt uns ein wenig Narrensinn,
der meint, dass wirklich alles ist noch drin.
Vielleicht fehlt uns der Übermut,
der einfach nur das Gute tut,
der glaubt, dass wir es doch noch schaffen,
heller diese Welt zu machen.
Ganz närrisch möcht zum Schluss ich wagen,
dies als Wunsch hier laut zu sagen:
Blieben wir in diesem Rahmen,
dann sagt ich ganz beruhigt: Amen.
Claus-Peter März

Ja, Narren brauchts heut überall, nicht nur am heil'gen Karneval

Mk 1,29-39

Grüß Gott, ihr Schwestern und ihr Brüder,
verehrte Pfarrgemeindeglieder
nun ist es wieder mal soweit,
gekommen ist die Narrenzeit,

da wir die Narrenkappe tragen
und manches sonst Verbot'ne sagen,
da wir aus dem Gewohnten steigen
und aller Welt es wollen zeigen,
da eingereiht im Faschingsreigen
wir tanzen zu den Narrengeigen
und lassen wider jeden Schein
mal alle Viere grade sein.

Da ihr heut kommt als Narrenleute,
auch ich die Narrenglocke läute
und leg euch – so wie's immer war –
gereimt die Sonntagspredigt dar.
Seid drum gegrüßt heut, gern und froh
hier mit „Helau" und mit „Heijo".
Ich sag „Grüß Gott" mit großer Freude
euch allen, die ihr hier seid heute,
da wir als Narren wolln probieren,
ein neues Spiel nun aufzuführen,
da wir mal die, die oben schwimmen,
in der Kunst des Tauchens trimmen,
da laut wir die Leviten lesen,
dass man auch weiß, wer hier zahlt Spesen.

Auf Narren könn'n wir nicht verzichten.
Sie müssen klar die Zeiten sichten.
Sie müssen mit dem Finger zeigen
auf das, was viele wolln verschweigen,
und sagen, dass auf Sand gebaut
manch Haus, auf das ein jeder schaut.

Ja, Narren brauchts zu dieser Stunde,
da Frust und Ärger macht die Runde,
da sich erklärn die Heilspropheten,
als ob nur sie die Lösung hätten.
Ja, Narren brauchts heut überall,
nicht nur am heil'gen Karneval.

Sie müssen wider allen Schein
stets sagen: Es könnt anders sein.
Es könnt, was wir heut unten sehen,
doch auch einmal ganz oben stehen,
und schön wärs, wenn mal die erhoben,
die bisher an den Rand geschoben,
wenn deren Suppe mal gewürzt,
den'n man den Löffel stets gekürzt,
und die mal wirklich habn das Sagen,
die sonst nur still die Balken tragen.
Die Narren wengstens müssens wagen,
dies laut vor aller Welt zu sagen.
Sie müssen sagen, was gewesen
und wer für alle zahlt die Spesen.

So lasst uns nun als Narren fragen,
was uns die Bibel heut will sagen,
die mancher auch für närrisch hält,
weil neu sie von der Welt erzählt.
Weil sie auf neue Wege setzt,
von denen mancher ist entsetzt.
So wird heut uns, die so viel plagt,
im Evangelium gesagt,

dass Jesus hilfreich einst gehandelt
und wunderbar die Welt gewandelt,
weil dort, wo immer er auch weilte,
Gebrechen aller Art er heilte:
Lahme konnten wieder gehen,
Blinde neu die Sonne sehen.
Und mancher, der von Angst gehetzt,
von dunklem Denken ward besetzt,
stand plötzlich auf als freier Mann,
als rührte ihn das Leben an.
Es war, als ob im Augenblick
das Paradies käm kurz zurück,
als kehrt ein völlig neuer Besen
und niemand mehr muss zahln die Spesen.

Mein Gott, das lässt sich gut verlesen,
wir könn'n erzähln, was einst gewesen,
wie wunderbar doch Jesus handelt,
wie er die kranke Welt verwandelt,
wir können pred'gen lang und breit
von heiliger Vergangenheit,
da alles Dunkel ward gelichtet
und sich zum Guten wieder richtet.
Auch wenn wir Gleiches uns nicht traun –
es tut doch gut, zurückzuschaun,
wie gut es damals doch gewesen –
als noch der Himmel zahlt die Spesen.

Und mancher mahnt: So soll es bleiben.
Wir dürfen es nicht weitertreiben.

Wir müssten wirklich Narren sein,
wenn wir das Gleiche fordern ein,
wenn wir wie Jesus wollten handeln
und anfang'n, diese Welt zu wandeln.
Nein, so was wär ein dummer Traum,
wir würden landen glatt vorm Baum.
Es wär ja nicht damit getan,
dass viele Kranke kämen an,
da gäbs auch die, die's nicht mehr packen
und einfach weg ins Dunkel sacken,
da gäbs die Kleinen, die's nicht wagen,
ihren Ärger laut zu sagen,
da gäbs so viel verborgne Not,
denn vieles ist nicht recht im Lot.
Nein – so führt man listig aus –
wir halten uns aus alldem raus.
Wir schaun, wie andere agieren,
und werdens christlich kommentieren,
wir schaun auf das, was einst gewesen,
dann zahlt der Himmel auch die Spesen.

Natürlich ist mir völlig klar,
dass mancher aus der Christenschar
jetzt sehr erbost zur Kanzel schaut,
weil er uns Pred'gern nicht mehr traut,
wenn wir mit Inbrunst uns verbreiten
über längst vergangne Zeiten,
wenn wir vertrösten fromm und bieder:
Am Ende kommt das Heil ja wieder,
nur derzeit ists halt etwas schal,

die Erde ist ein Jammertal,
da gibts so viele schlimme Sachen,
wir wolln uns da nicht schmutzig machen,
wir wollen auf den Himmel warten,
da habn wir dann die bess'ren Karten.
Stellt in die Ecke euren Besen,
hier zahln die anderen die Spesen.

Doch wenn wir närrisch uns gebärden,
müsst unsre Predigt anders werden:
wir müssten – soll etwas erwachen –
die Probe aufs Exempel machen.
Auch wenn wir hier nicht hochgestochen
sogleich auf Himmels-Wunder pochen,
wir müssten sagen, was wir hoffen,
und dass für uns noch alles offen;
wir müssten neue Lieder singen
und streitbar auch zur Sprache bringen,
dass wir als Narr'n uns halten dran,
dass man die Welt verändern kann.
Es darf nicht bleiben, wie's gewesen,
sonst zahlen alle wir die Spesen.

Wenn wen'gstens wir nicht einfach schweigen,
sondern neue Bilder zeigen,
wie's sein könnt, wie man könnt' gehn,
wie etwas Neues könnt geschehn.
Wenn wir mit Worten wen'gstens handeln
und redend diese Welt verwandeln,
wenn wir trotz vieler Vorsichtsschilder

entwerfen neue Lebensbilder,
wenn närrisch stelln wir in den Raum
für dieses Land ein’n neuen Traum,
da nicht nur zählt, wer hat das meiste,
wer investiert auf hoher Leiste,
dass man nicht meint, es kann so bleiben,
wir könnens ewig weitertreiben:
ständig Wachstum, jedes Jahr,
immer höher, das ist klar,
auch wenn bei diesem hehren Zwecke
manche bleiben auf der Strecke.
Dem Wachstumsgaul schlagt ein die Sporen,
denn springt er nicht, sind wir verloren,
so hört man’s allenthalben singen,
dass mir die Ohren wieder klingen.
Und da man so des Lobes voll,
der Narr fragt, wo das enden soll,
wenn jedes Jahr wir satteln drauf,
wir brauchen Welt und Menschen auf.
Da wär ein Wunder schon geschehn,
wenn wir behutsam lern’n zu gehn,
wenn wir auch immer kalkulieren,
was wir am Ende könn’n verlieren.
Lasst an der Wand die Schrift uns lesen,
sonst zahln die Enkel noch die Spesen.

Und sollten wir nicht forscher sein
und wirklich Wunder fordern ein
von denen, die die Hebel schalten
und sich für fast unfehlbar halten.

Denn wer nicht blind ist, kann es sehn,
dass die, die da im Lichte stehn
und mit den großen Worten spielen,
nur auf die nächsten Wahlen schielen
und rechnen, wie man müsst agieren,
um satt die Mehrheit zu kassieren.
Töricht sind, die da erklären,
dass schlimm doch nur die einen wären,
und belehren dann die Massen,
auf wen sie könnten sich verlassen.
Nein, da möcht ich mich schon wehren,
so leicht kann man das nicht erklären,
denn nicht nur auf der einen Seite
find ich Versagen, seh ich Pleite.
Ob Schwarze, Grüne, Rote, Gelbe,
– wolln sie im Letzten nicht dasselbe?
Drum müssten wir es allen sagen,
wir wollen das nicht mehr ertragen.
Da haun sie aufeinander ein,
als wüsst es jeder ganz allein.
Und was der eine dort probiert,
wird von dem andern da blockiert.
Und jeder sagt mit reinen Händen,
er wolle Unheil nur abwenden.
Und wenn's dann nur ein Flop gewesen,
bezahlen alle wir die Spesen.

Von allen Seiten hör ich nur,
sie seien auf der rechten Spur,
die andern mit verquerem Sinn,

sie führten uns zum Abgrund hin.
Auf manchen Ämtern jeder spürt,
dass das Parteibuch da regiert.
Und rügt man diesen blöden Brauch,
hört man: Die andern tun es auch.
Man soll uns nicht für dumm verkaufen,
wir sehn doch, wie die Dinge laufen.
Wir wollen endlich Wunder sehn,
dass wirklich etwas kann geschehn,
dass sie trotz großer Redeschlachten
endlich was gemeinsam machten.
Denn dafür habn wir sie gewählt,
und dafür sind sie aufgestellt.
Wir wollen keinen Einheitsbrei.
Gott sei Dank, ist der vorbei.
Wir wolln nicht eine Stimme hören,
nicht nur auf eine Linie schwören.
Wir wollen klar den Meinungsstreit,
sonst käm'n wir heutzutag nicht weit.
Doch bei diesen Machtkampfspielen
muss man sich veralbert fühlen.
Wir müsstens ihnen einmal zeigen,
wie man die Geister kann vertreiben.
Wenn das geschieht, wolln wir am Tresen
gern einmal bezahln die Spesen.

Doch nicht nur in der Politik
wünsch ich die Wunder mir zurück,
auch in den heilgen Kirchenmauern
gibts vieles, was man muss bedauern.

Es scheint, als wärn wir nicht mehr jung,
als fehlt es uns an rechtem Schwung,
dass einfach wir nach vorne gehn,
was immer da mag auch geschehn.
Da täten Wunder wirklich gut,
ein kleines Pfingsten gäb uns Mut,
ein neuer Geist, der wirklich lebt
und unter uns die Stimmung hebt,
dass man uns allen, Frau und Mann,
sieht wirklich etwas Neues an.
Einst ist uns so was doch gelungen.
Ist dieses Lied schon ausgesungen?
Ist dies das Ganze schon gewesen,
dann frag ich mich: Wer zahlt die Spesen?

Ja, derzeit knirschts im Kirchenhaus,
manche treten einfach aus.
Die einen, weil ihn'n nicht geheuer,
dass sie solln zahlen Kirchensteuer;
die andern, weil sie sind verprellt
und sie bei Kirchens nichts mehr hält
und weil auch da sie kein'n gefunden,
der sich mit ihnen hätt verbunden.
Und die uns kennen nur von Weitem,
die sagen oft: Seht, wie sie streiten.
Sie sind entschieden, streng und heftig,
vor allem mit sich selbst beschäftigt;
sie können ständig diskutieren,
wie sie sich selber strukturieren,
wer soll gehorchen, wer soll führen,

wen darf zum Pfarrer man heut küren.
Und dabei hats auch noch den Schein,
es ging zuletzt nur ums Design.
Wir wirken oft nicht sehr dynamisch,
und mancher find't uns etwas spanisch,
mancher meint, wir wärn verhärmt:
ein Ofen, der sich selber wärmt
und der vergisst den Frost der Welt,
für den man ihn hat aufgestellt.
Hier müsst ein Wunder schon geschehn,
dass wirklich anders könnt es gehn.
Doch weist jetzt nicht auf andre hin,
die wandeln müssten ihren Sinn;
denn Wunder fangen, denkt daran,
immer bei ein'm selber an.
Kann sich bei mir etwas verwandeln,
werd'n andre auch ganz anders handeln,
dann nähm das Wunder seinen Lauf
und etwas Neues zög herauf,
man würd es hörn, man würd es lesen,
und der Himmel zahlt die Spesen.

Es wäre manches noch zu sagen,
denn vieles liegt mir auf dem Magen.
Doch hör ich schon, wie mancher faucht:
„Die Predigtzeit ist aufgebraucht!"
So lass ich's halt dabei bewenden
und will versuchen, schnell zu enden.
Ich weiß, es ist ein hehres Muss,
auch Predigten habn ihren Schluss.

Und ihr könnt bei den nächsten Sätzen
euch nun bequemer wieder setzen.

Doch denkt daran, ihr Narrenleute:
Wir brauchen wirklich Wunder heute,
die wirklich Neues lassen spüren –
sie werdn nicht ohne uns passieren.
Wir solln nicht nur in diesen Tagen
ausgefallne Dinge wagen,
solln nicht nur jetzt, wo's jeder tut,
zur Gegenrede habn den Mut.

Sagt nicht, wir stehn ja an den Rändern,
wir könn'n die Welt ja doch nicht ändern,
weil wir doch nur das Fußvolk sind,
auf das man keine Rücksicht nimmt.
Sagt nicht, wir werden stets gezügelt
und, wenn es sein muss, weggebügelt.
Sagt nie, es hat ja keinen Sinn,
wir packens nicht, da ist nichts drin.
Denkt dran, der Narr steht immer quer,
und fällt es ihm auch manchmal schwer,
er gibt nicht auf, er hofft auf Wunder,
glaubt, dass bald Feuer fängt der Zunder,
er will mit Worten schon erneuern,
mit Spott ein wenig gegensteuern.

Wenn ich euch dazu könnt verführen,
zu echten Narren könnt euch küren,

dann frag ich nicht mehr, was gewesen,
und bin bereit, zu zahln die Spesen.

Das war's, was heut gesagt sein muss,
ich mach nach Narrenweise Schluss
und ruf euch zu, ihr Herrn, ihr Damen,
zuerst „Helau" und dann noch „Amen".
Claus-Peter März

Für einen Augenblick die Welt wird heiter auf den Kopf gestellt

Mt 5,38-48

Grüß Gott, ihr Schwestern und ihr Brüder,
verehrte Pfarrgemeindeglieder,
nun ist es wieder mal soweit,
gekommen ist die Narrenzeit,
da wir aus allen Formen steigen
und uns einmal ganz locker zeigen,
da eingereiht im Faschingsreigen
wir tanzen zu den Narrengeigen
und lassen wider jeden Schein
mal alle Viere grade sein.

Auch *ich* grüß euch als Narrenleute
mit ein paar Schüttelreimen heute.
Ich grüß euch alle, Mann und Frau,

hier mit „Heijo“ und mit „Helau!“
„Grüß Gott“, ihr Christen allzumal,
am Fest des heil’gen Karneval,
da unsres guten Gottes Willen
wir nur als Narren könn’n erfüllen.
Ja, Narren braucht es überall,
nicht nur am tollen Karneval.
Sie müssen Jungen wie den Alten
den Spiegel vor die Augen halten.
Sie müssen wider allen Schein
stets sagen: Es könnt anders sein.
Es könnt, was wir heut unten sehen,
doch auch einmal ganz oben stehen,
und schön wär, wenn mal die erhoben,
die bisher an den Rand geschoben,
Die Narren wen’gstens müssens wagen,
dies laut vor aller Welt zu sagen,
aufzuwecken, die noch schlafen,
Anstoß sein den allzu Braven,
aufzureizen, die versöhnt
sich längst an alles habn gewöhnt.
Weil viele nur die Zunge wetzen,
drum wolln die Narren Zeichen setzen:
Wo man im Gleichschritt soll marschieren,
werdn sie den Gegenschritt probieren,
wo eine Meinung nur gefragt,
zwei Dutzend andre werdn gesagt,
wo einer sich zu sehr erhebt,
wird ihm ein Stuhlbein abgesägt,
wenn einer steigt zu steil empor,

da hält man ihm den Spiegel vor,
und wo man Dinge, die beschweren,
will heimlich untern Teppich kehren,
da bläst der Narr so lang das Horn,
bis dass der Teppich rollt nach vorn
und jeder wieder kann besehn,
was wirklich alles ist geschehn.

Der Narr lebt stets und immer quer,
und fällts ihm manchmal auch recht schwer:
er stellt sich gegen alten Trott
und hat als Waffe nur den Spott.
Er sucht mit seinen Narrenzeichen,
den harten Boden aufzuweichen:

Für einen Augenblick die Welt
wird heiter auf den Kopf gestellt,
es löst sich auf der falsche Schein,
man spürt: Es könnt ganz anders sein.

Nun hab vom Fasching ich erzählt,
mit Narrenzeichen euch gequält,
und mancher ist vielleicht schon gram,
weil bislang nichts „Frommes“ kam;
ist ärgerlich und leicht verstimmt,
fragt, wann die Predigt denn beginnt,
und wir – statt Narren zu befragen –
uns Jesu Botschaft lassen sagen.
Vielleicht will man mich’s lassen spüren
und die Kollekte boykottieren.

Doch sind wir wirklich fern gewesen
von Jesu Wort, das wir gelesen?
Ist Faschingshut und Narrenhemd
dem Evangelium wirklich fremd?
Mir ging im Kopfe schon herum
das heut'ge Evangelium,
das viele grade deshalb stört,
weil man viel Närrisches da hört:
Da soll dem Mann, der mich geschlagen,
ich nicht einmal die Meinung sagen,
statt dessen still mit frommem Sinn
die andre Wange halten hin,
und den nicht packen, der gesonnen,
an meine Habe 'ranzukommen;
ich geb ihm, der mein Hemd zieht ein,
noch meinen Mantel obendrein.
Und den, der mein Geleit erzwingt,
auf eine ganze Meile dringt –
ich lass ihn nicht im Dunkeln stehn,
ich soll zwei Meilen mit ihm gehn.
Wenn das nicht eines Narren Sicht,
dann frag ich mich, was närrisch ist.

Hier stellt sich wirklich einer quer
und sagt: Es ist nicht mein Begehr,
dass wir es einfach laufen lassen,
bis wir zum Schluss es nicht mehr fassen.
Wollt Jesus nicht mit solchen Zeichen
gerade dort etwas erreichen,
wo man sich damit abgefunden,

dass unsere Hände halt gebunden?
Wollt die vielleicht er provozieren,
die stets und immer resignieren,
weil Unheil halt die Welt regiert
und Widerstand zu gar nichts führt?
Wollt er vielleicht uns animieren,
wir solltens doch einmal probieren,
wo man sich an Gewalt gewöhnt,
auch wenn ein jeder drunter stöhnt,
uns auf dem Absatz umzudrehen
und einfach andersrum zu gehen?
Wär das nicht so ein Narrenzeichen,
das harte Fronten könnt erweichen?

Für einen Augenblick die Welt
wär heiter auf den Kopf gestellt,
es löst sich auf der falsche Schein,
man spürt: Es könnt ganz anders sein.

Doch seh ich euch jetzt ins Gesicht,
dann spüre ich: Ihr glaubt mir nicht.
Ich spür, dass viele sich jetzt fragen:
Was nutzts, Visionen aufzusagen?
Das, was die Bibel uns erzählt,
das steht nicht wirklich in der Welt
mit ihrem Dunkel, ihrem Licht,
mit Kurzarbeit und Feierschicht,
mit neuer Armut und Gewalt,
mit Mieten über dem Gehalt,

mit Kampf um jeden Arbeitsplatz,
denn wenn du fliegst, gibts kein Ersatz.

Da schlägt dich keiner ins Gesicht.
Man schickt dir einfach den Bericht,
man müsse alles umgruppieren
und dieses würd auch dich tangieren,
man hoffe, du würd'st es verstehn,
dein Platz sei weg, du müsstest gehn.
Da holt dich ein R e a l i t ä t,
und alles Mühen kommt zu spät.
Was sollen dort die Narrenzeichen,
die keine Änderung erreichen?

Zeichen setzen ist nicht schwer,
doch findet man damit Gehör?
Was nutzt es, wenn wir Kerzen halten,
wenn andere die Hebel schalten?
Was nutzt es, wenn wir laufen quer,
wenn andre ziehn mit starker Wehr
und zwingen Menschen ganz rigid
von neuem ein in Reih und Glied.

Wie und durch wen wird da die Welt
noch heiter auf den Kopf gestellt?
Wo löst sich dann der falsche Schein?
Wer sagt: Es könnt ganz anders sein?

Natürlich muss ich akzeptieren,
wenn sie mir dies vor Augen führen,

dass nicht der Narr mit bunten Bändern
den Lauf der Welten kann verändern.
So einfach wollt ich mir's nicht machen.
Ich weiß: das gäb ein bös' Erwachen,
weil man mit solchen Gegen-Zeichen,
nicht jede Rechnung kann begleichen.
Ich seh, dass wir mit leeren Händen
nicht jedes Unheil können wenden.
Ich sehe auch, dass Lichterketten
nicht Kinder aus dem Hunger retten.
Doch find ich schlimm, wenn die, die's spüren,
am Ende einfach resignieren.
Denn dort, wo Menschen nicht mehr schweigen
und nicht nur wild die Zähne zeigen,
wo sie nicht nur im Dunkeln hetzen,
sondern einfach Zeichen setzen
und damit ganz gelassen zeigen,
dass so das Ganze kann nicht bleiben,
und wo mit einem Narrenzeichen
sie dieses wenigstens erreichen,
dass manche Leute nicht nur lachen,
sondern sich Gedanken machen,
da ist doch schon etwas passiert,
da wird doch Neues anvisiert:

Für einen Augenblick die Welt
ward heiter auf den Kopf gestellt,
es löst sich auf der falsche Schein,
man spürt: Es könnt ganz anders sein.

Wir kenn'n den Geist, der dieser Welt
die neuen Wege oft verstellt:
Der Vater spricht zu seinem Sohn:
„Ich denke, du durchschaust es schon:
Die Welt, die ist auf Macht gebaut,
weil jeder nur sich selbst vertraut.
Durchsetzen heißt heut die Devise,
sonst schreibst am Schluss du immer Miese.
Weil das so ist, leg dich nicht quer –
wenn man dich schlägt, setz dich zur Wehr.
Am besten schlägst du zweimal zu,
dann hast du für die Zukunft Ruh."

Viele singen – laut und leise –
das Lied nach dieser schlimmen Weise,
die Kleinen lernens von den Großen
und sind bald selbst drin Virtuosen:
Und der Refrain ist immer gleich:
„Geh deinen Weg, sei ja nicht weich.
Du musst nicht kriechen wie ein Lurch,
steh auf, schlag zu und setz dich durch."
Und jeder lässt sich darauf ein,
weil jeder denkt, das muss so sein.
Man meint, dies sei der Welt Gesetz,
was deshalb keiner mehr verletzt.

Und da zieht auf des Narren Stunde,
er ruft hinaus mit vollem Munde:
Ihr meint, ihr kämt so froh und heiter
auf diesen schlimmen Wegen weiter?

Das ist ein ziemlich müder Traum;
denn so fahrt sicher ihr vorn Baum.
Ihr müsst schon neue Wege gehn
und klarer neue Chancen sehn.
Grad ihr müsst sagen: Wir fang'n an.
Dann wird man sehen, was man kann.

Und dies wollt Jesus auch erreichen:
Dass wir gelassen setzen Zeichen
wider allen bösen Geist,
der Menschen auseinander reißt,
wider allen Eigensinn,
der nur kennt eigenen Gewinn,
wider Zwänge und Gewalt,
für die der Kleine stets bezahlt.
Er sagt uns: Nehmt nicht alles hin.
Sagt laut: Da wär ganz andres drin.
Damit es viele kann erreichen,
setzt einfach doch auch mal ein Zeichen:

Wenn einer kommt, dich schlagen will:
schlag nicht zurück, doch sei nicht still.
Biet ihm die andre Wange dar
und mach mit diesem Zeichen klar:
Ich spiel nicht mit das alte Spiel,
denn dieses spieln schon viel zu viel:
Wenn du mich schlägst, gleich jeder meint,
von nun an wäre ich dein Feind.
Doch wenn ich dies nicht akzeptier,
wenn ich als Gegner nicht agier,

dann kommt die Welt aus ihren Bahnen,
und man beginnt dabei zu ahnen,
dass etwas Neues zeigt sich an,
das uns vielleicht voranbringn kann.

Für einen Augenblick die Welt
wird heiter auf den Kopf gestellt.
Es löst sich auf der falsche Schein.
Man spürt: Es könnt ganz anders sein.

Nun ist es Zeit – ich mache Schluss,
weil auch 'ne Predigt aufhörn muss
und weil wir Pred'ger ganz versessen
auch oft das rechte Maß vergessen.
Doch wie ihr merkt, heut komm ich drauf.
Ich mache Schluss und höre auf.
Doch eh' ihr mich hört „Amen“ sagen,
da möchte ich schon nochmals fragen:
Habn wir noch solchen Narrensinn,
der meint, da ist noch alles drin?
Habn wir noch solchen Übermut,
der einfach mal was Neues tut?

Wenn *etwas* wir von dem noch haben,
dann sag ich ganz beruhigt: Amen.
Claus-Peter März

Gottes Geist weht überall – unterwegs und anderswo aufgelesen

In deutschen Landen

Späte Reue

Im Hofbräuhaus sitzen drei und trinken eine Maß und noch eine Maß und noch eine ...

Da spricht einer: „Wollmer net naufsteing aufn Münchner Rathausturm und auf d' Stadt nunterschaun?!"

„Jaaao, des machmer!"

Gemeinsam erklimmen sie den Turm und schauen hinunter. Plötzlich sagt einer: „Wollmer wettn, des i hinaussteig, umdn Turm herumfliag und wieder reinkomm?"

„Dees schaffst nie und nimmer!"

Doch der steigt hinaus, fliegt rum um den Turm und kommt wieder herein.

„Ja, giibst den dees aa!"

Da spricht der zweite: „Wollmer wetten, des i des a kaa!"

„Nie, nie und nimmer."

Doch auch er steigt hinaus, fliegt herum und kommt zurück.

Da sagt der dritte: „Dees probier i aa!“, steigt hinaus aus dem Turm, stürzt hinunter und ist tot.
„Jesses“, sagt der eine zum andern, „’s hättmers ihm vleicht doch sang solln, dees mir zwoa Engln sann??!!“

Sächsische Gemütlichkeit

In Leipzig an der Ecke der Grimmaischen und der Petersstraße steht ein Mann von der Heilsarmee und hält Traktätchen feil.
Ein Leipziger fragt ihn im Vorübergehen: „Nu hören Se mal. Se hamm awer’ne butzche Uniform an, Se sind doch gar gee Soldade!“
Kommt die stolze Antwort: „Ich bin von der Heilsarmee. Ich bin ein Soldat des Himmels.“
Klopft ihm der Leipziger auf die Schultern: „Mei Gutester, da hamm Se awer weit zu Ihrer Gaserne!“

Missverständnis

In einem erzgebirgischen Krankenhaus sieht eine Schwester während des Nachtdienstes, dass in einem Zimmer noch Licht brennt. Sie fragt die Patientinnen nach dem Grund und erfährt: „Wir können nich schlofen, ka Baldrian un nischt nützt.“
Da meint die Schwester: „Ich wüsste etwas, was man da tun könnte: drum beten.“
Die Antwort der erzgebirgischen Frauen: „Abber Schwester, was sulln in der Nacht de Trumpeten?“

Irrtum

Eine alte Bäuerin macht eine Wallfahrt nach Altötting. Als sie einige Zeit später eine Verwandte trifft, fragt diese, warum sie denn die Wallfahrt gemacht hätte.
„Ach, meine Tochter Rosi ist schon drei Jahre verheiratet und sie haben noch kein Kind bekommen.“
„Und hat es etwas geholfen?“
„Ja, aber die Muttergottes muss sich versehen haben, denn nicht die Rosi, sondern meine ledige Traudl hat's Kind bekommen.“

Gestörte Nachtruhe

Der kleine Maximilian darf zum ersten Mal in seinem Leben mit auf eine Wallfahrt, bei der man übernachten muss. Notdürftig findet die fromme Schar in einem Heustadel Unterkunft. Mutter Hintermayr vergräbt sich mit ihrem Sohn im Heu – gerade an einem Platz, wo der Max durch eine schadhafte Stelle im Dach den Mond sehen kann.
„Was is denn dös dort oben?“, fragt er mit lauter Stimme.
„Der Mond“, flüstert die Mutter, „und jetzt schlaf, Kind!“
„Warum schaut er denn her wie a Horn?“, forscht der Bub weiter mit seinem quiekenden Organ.
„Er ist im Abnehmen. Und jetzt sei still, sonst schimpft der Himmelvater!“
„Mama!“, beginnt der Kleine wieder. „Is der Mond immer ...“
„Himmiherrgottkruzitürkn – jetzt hörst aber auf mit dei'm saudummen Gefrag. Dreckbua, drecketer!“, brüllt einer der todmüden Wallfahrer aus seinem Heuloch.

Jetzt herrscht endlich Totenstille im Heustadel. Aber nicht lange. Dann lässt sich der kleine Max wieder vernehmen: „Mama – war des jetzt der Himmelvater?"

Enttarnt

Zwei alte katholische Damen aus der Provinz gehen durch Berlin-Kreuzberg. Auf der gegenüberliegenden Straße steht ein Punker-Pärchen.
Die eine Dame schüttelt den Kopf: „Die jungen Leute leben doch heute alle so sündhaft."
Darauf die andere: „Moment mal, ich glaube, ich kenne die beiden, die sind doch aus unserem Ort und haben vor einem Jahr in unserer Kirche geheiratet."
Darauf kommt der Mann auf die zwei Damen zu und raunt: „Bitte, geht schnell weiter und verratet niemandem, dass wir verheiratet sind, sonst ist unser guter Ruf hier zerstört."

Kleingläubig

Ein Bergsteiger rutscht aus und kann sich gerade noch an einem winzigen Felsvorsprung festhalten. Als seine Kräfte nachlassen, blickt er verzweifelt zum Himmel und fragt: „Ist da jemand?"
Eine Stimme antwortet: „Ja."
„Was soll ich tun?"
„Sprich ein Gebet und lass los."
Der Bergsteiger nach kurzem Überlegen: „Ist da noch jemand?"

Stop – Zollkontrolle!

Biblische Beschimpfungen

Ein Pfarrer mit weißem Kragen kommt im Flughafen an den Zoll und will ganz selbstverständlich durchgehen. Der Zollbeamte stoppt ihn und nimmt seinen Koffer zur Kontrolle.

„Zöllner“, meint der Pfarrer verächtlich.

Der Koffer wird geöffnet: Er ist voller Zigaretten und Cognac.

„Pharisäer“, gibt der Zollbeamte zurück.

Wörtlich genommen

Ein Pfarrer kommt aus Tschechien zurück und hat zwei Flaschen Becherovka – Kräuterschnaps – mitgebracht. An der Grenze packt ihn das schlechte Gewissen.

Lügen will und darf er nicht. Kurzerhand klemmt er sich je eine Flasche unter die Achselhöhlen.

Bei der Kontrolle fragt ihn der Zöllner: „Hochwürden, haben Sie in Tschechien etwas eingekauft?“

„Ja, mein Sohn“, erwidert er ehrlich, „aber ich habe alles unter den Armen verteilt.“

ZOLL
Karsten Lackmann

Durch Österreich und die Schweiz

Berliner Schnauze

In Wien hält ein Mann aus Berlin einen Einheimischen mit den Worten auf: „Eh Dicka, wo isn hier eur Stefansdom?“

Der Wiener antwortet recht freundlich: „Ja, bittscheen, der Häär, da geens halt die Straßn hernunter und unten rechts, da sehns dann schon unsern Steffansdom. Aber, sagns, das nächste mal kenndens doch etwas freundlicha fraagn!“

„Nee, da lieba valoof ick miir!“

Verhindert

In Bern muss das Zifferblatt der Kirchturmuhr ausgebessert werden. Man baut ein Gerüst und ein Maler wird beauftragt.

Der Pfarrer geht dann und wann nachschauen, wie weit die Arbeit gediehen ist. Als er nach einer Woche noch keinerlei Veränderungen feststellen kann, will er der Sache auf den Grund gehen und ersteigt das Gerüst.

Beim Maler angekommen, fragt er diesen, wieso noch nichts getan sei an dem Zifferblatt.

„Jaaa“, gibt der zur Antwort, „schauen Sie, Hochwürden, immerrr, wenn ichch den Pinsel ansetze, da schlägt der kleine Zeiger mir den Pinsel aus der Hand!“

Gelungene Schöpfung

Zwei Freunde befinden sich in den Schweizer Alpen auf einer Wanderung. Als ihn ein Vogelkot mitten auf den Kopf trifft, sagt der eine laut zu sich: „Schön hat der liebe Gott die Welt eingerichtet!"

Kurze Zeit später tritt er mitten in einen Kuhfladen. „Schön hat der liebe Gott die Welt eingerichtet!", sagt er darauf wieder.

„Was meinst du damit eigentlich?", fragt ihn sein Wandergefährte.

„Stell dir vor, statt der Vögel könnten die Kühe fliegen ..."

Italienische Impressionen

Nicht erkannt

Ein Pfarrer reist nach Venedig und fällt dort aus einer Gondel. Das Wasser ist zwar nicht tief, aber der Pfarrer versinkt immer weiter.

Ein Gondoliere kommt vorbei und fragt: „Kann ich Ihnen helfen?"

Der Pfarrer antwortet: „Nein danke, Gott wird mir beistehen."

Der Pfarrer versinkt immer weiter, ihm steht das Wasser schon bis zum Hals, als der Gondoliere wieder vorbeikommt und fragt: „Kann ich Ihnen helfen?"

Der Pfarrer antwortet wieder: „Nein, Gott wird mir schon beistehen."

Es kommt, wie es kommen muss: Der Pfarrer ertrinkt.

Als er im Himmel ankommt, fragt er Gott vorwurfsvoll: „Warum hast du mir nicht geholfen?“
Darauf Gott: „Was glaubst du eigentlich, wer die ganze Zeit vor dir hin- und hergerudert ist?“

Römische Verhältnisse

Irene berichtet begeistert ihren Freundinnen von der Romwallfahrt. Mehr noch als die prächtigen Bauten des Vatikans haben sie die Menschenmassen beeindruckt, und so erzählt sie: „Der ganze Petersplatz war mit Menschen angefüllt. Viele Frauen und Männer pflanzten sich sogar noch auf den nächsten Straßen fort!“

Weite Reise

Der alte Almhöflbauer aus Hintertrollenbach, Ortsteil Niederuferstetten, hat in einem Preisausschreiben der Kirchenzeitung den ersten Preis gewonnen: eine Reise zum Heiligen Vater nach Rom.
Frühmorgens zieht er seinen besten Anzug an, geht zum Nachbarn, der bringt ihn mit dem Traktor zum Taleingang, wo schon das Milchauto auf ihn wartet. In Hintertrollenbach steigt er in den Bus, der ihn zum Bahnhof fährt. Er steigt in den Bummelzug und fährt in die nächste größere Stadt. Dort steigt er schließlich um in den EuroCity, der ihn direkt nach Rom bringt.
Wieder zu Hause angekommen, fragen ihn die Freunde, wie es ihm denn wohl in Rom gefallen habe.
„Mei schee is’ scho, dös Rom, aber arg abg’legn halt!“

Zu Besuch bei den Schotten

Wink von oben

Eine Kirche in Schottland hat ein sehr schadhaftes Dach. Der Pfarrer ist schon ganz verzweifelt, denn niemand will für die Reparatur etwas spenden. Da fällt während des Sonntagsgottesdienstes ein Stück Putz genau dem Gemeindevorsteher auf den Kopf.
„Ich spende fünf Pfund“, meint der Vorsteher nach dem Gottesdienst.
Da hebt der Pfarrer seine Augen gen Himmel und betet: „O Herr, triff sie alle.“

Flexibel

McMuldoon besaß viele Jahre einen treuen Hund, den er sehr liebte. Nach dem Tod des Hundes fragt er deshalb seinen Pfarrer, ob er seinen Hund nicht auf dem Gemeindefriedhof beerdigen lassen könne.
Der Pfarrer lehnt empört ab.
„Herr Pfarrer, ich wäre auch bereit, für die Beerdigung 1000 Pfund zu bezahlen.“
Darauf der Pfarrer: „Aber, mein Sohn, warum hast du nicht gleich gesagt, dass dein Hund katholisch ist?“

Knausrige Gemeinde

Der neue Pfarrer in Schottland lässt einen Korb für die Kollekte herumgehen. Als der Korb wieder beim Pfarrer ankommt, ist er immer noch leer. Da wendet sich der Pfarrer zum Altar und kniet nieder: „Lieber Gott, ich danke dir, dass wenigstens der Korb noch zurückgekommen ist."

In Ost und West

Weltanschauung

Frage an Radio Erewan: Kann man als Marxist auch gleichzeitig Christ sein?
Antwort: Im Prinzip ja, aber warum wollen Sie sich das Leben doppelt schwer machen?

Lukratives Angebot

Brown ist Prediger eines kleinen Landstädtchens in Ohio. Eines Tages bietet ihm eine andere Gemeinde das doppelte Gehalt. Brown antwortet, dass er sich im Gebet darüber beraten wolle.
Bald darauf fragt man den kleinen Sohn des Predigers: „Hat sich denn dein Vater nun entschieden?"
„Ich weiß nicht", antwortete der Junge. „Vater betet noch immer, aber Mutti hat die Sachen bereits gepackt!"

Böse Vorahnung

Zu Ehren des Kosmonauten Juri Gagarin, dem ersten Menschen im Weltall, wurde im Moskauer Kreml ein großer Empfang gegeben.

In einem unbemerkten Augenblick zog Chruschtschow den Helden des Tages beiseite und sagte: „Genosse Gagarin, nun sag mir ganz ehrlich: Hast du da oben – du weißt, was ich meine – hast du IHN dort gesehen?"

„Ich habe IHN gesehen, Genosse Chruschtschow."

„Schlimm, schlimm", murmelte Chruschtschow, „aber so halb hab ich es mir ja schon gedacht ... Aber", fuhr er energisch fort, „eines sage ich dir: du darfst niemandem ein Sterbenswort davon weitererzählen!"

Auch der orthodoxe Patriarch war zum Empfang geladen. Kurz danach zog auch er Gagarin in eine Nische und sprach mit sanfter Stimme: „Mein guter Freund, willst du Gott nicht die Ehre geben? Sag es mir, ganz im Vertrauen: Hast du IHN dort oben nicht doch gesehen?"

„Nein", antwortete Gagarin befehlsgemäß, „ich habe nichts gesehen. Keine Spur."

„Ach", seufzte der Patriarch kummervoll, „bitte sag es niemandem weiter. Aber so halb hab ich es mir ja schon gedacht ..."

In Afrika und Südamerika

Unterschätzt

Ein Afrikamissionar besucht die Kranken in einem Dorf. In einer Hütte findet er einen jungen Schwarzen, der im Fieber liegt. Er untersucht ihn, gibt ihm eine Tablette und sagt zu ihm:

„Du keine Angst haben, du bald wieder gesund und arbeiten wie Elefant."

„Das sein feine Sache", sagt der Schwarze. „Dann ich kann fahren nächste Woche wieder zu Sorbonne und können halten feine Vorlesung über Sozialpsychologie ..."

Inkognito

Ein (vermutlich katholischer) Tourist kommt auf eine einsame Missionsstation im brasilianischen Urwald, welche gleichzeitig auch Residenz des Bischofs für die Amazonas-Region ist.

Auf der Station trifft er zunächst niemanden an. Er geht über das ganze Gelände, anschließend in das Haupthaus, in das Gästehaus – niemand zu sehen. Schließlich geht er noch in die Werkstatt und findet dort einen Mann, der unter einem Jeep liegt und diesen repariert.

„Guten Tag, Señor, können Sie mir sagen, wo ich den Bischof finde?"

Darauf der Mann unter dem Jeep: „Der Bischof bin ich; aber wenn Sie meinen Ring küssen wollen: der liegt auf der Fensterbank."

Mit dem Auto

Hoffnungslos

Der Kaplan kommt in die Reparaturwerkstatt, um sein sehr betagtes Auto abzuholen: „Na, Meister, haben Sie sich den Wagen mal gründlich angesehen?“
„Hab’ ich“, stöhnt der Meister. „An der Karre gibt es nur ein Stück, das kein Geräusch macht – die Hupe!“

Fahrt mit Gott!

Ein katholischer Stadtpfarrer hat im Mitteilungsblatt der Gemeinde die Bürger zu überlegtem Autofahren ermahnt. Das Blatt empfiehlt den Mitfahrern im Auto, auf langen Strecken zur Ermunterung des Fahrers Lieder aus dem Gesangbuch zu singen: Bei Tempo 100 Lied Nr. 303: „In Gottes Namen fahren wir“, bei Tempo 140 Lied Nr. 656: „Wir sind nur Gast auf Erden“, ab Tempo 180 Lied Nr. 659: „O Welt, ich muss dich lassen!“

Mangelndes Vertrauen

Dem Präses einer evangelischen Landeskirche macht ein junger Pfarrer, der für seine schneidige Art im Umgang mit dem Auto bekannt ist, das Angebot, ihn auf dem Heimweg mitzunehmen.
„Herzlichen Dank, lieber Bruder“, wehrt der Präses ab, „offen gestanden, mit Ihnen fühle ich mich zu sehr in Gottes Hand!“

Gottvertrauen

Eine Nonne ist mit dem Auto unterwegs. Sie bemerkt nicht, dass die Benzinanzeige auf Null steht, und so bleibt das Auto schließlich stehen.

Im nahe gelegenen Bauernhof hat man zwar Benzin – allerdings keinen Kanister.

„Nehmt den Nachttopf, dann kommt Ihr bis zur nächsten Tankstelle“, empfiehlt der Bauer und füllt den Nachttopf mit dem kostbaren Treibstoff. Vorsichtig eilt die Schwester zu ihrem Auto zurück und füllt den Inhalt des Nachttopfs in den Tank.

Da hält ein Lastwagenfahrer, schaut zu und sagt dann bewundernd: „Ihren Glauben möchte ich haben!“

Per Bahn

Frotzeleien

Zwei ehemalige Schulkameraden treffen sich auf dem Bahnsteig, der eine, inzwischen General, rank und schlank und in Uniform, der andere, jetzt Kardinal, wohlbeleibt und in seinem Kardinalshabit.

Eingedenk der früheren Frotzeleien fragt der Kardinal den General: „Sagen Sie, Herr Schaffner, auf welchem Bahnsteig fährt der Zug nach Köln?“

Der General schlagfertig: „Bahnsteig 7. Aber wollen Sie in Ihrem jetzigen Zustand wirklich noch reisen, gnädige Frau?“

Vergebliche Reise

Ein gutes und fröhliches Ehepaar bekommt Zwillinge. Die beiden Jungen scheinen gesund und sehen sich zum Verwechseln ähnlich. Nach einiger Zeit stellt sich allerdings heraus, dass der eine Junge stumm ist.

Darüber sind die Eltern betrübt. Kein Arzt kann helfen. So nimmt sich die Mutter, die sehr gläubig ist, eine Wallfahrt nach Lourdes vor, um von der Jungfrau Maria ein Wunder zu erbitten.

Sie nimmt also den Jungen und fährt nach Lourdes. Vor der Grotte betet sie, dass der Junge wieder reden könne. Sie gibt ihm vom heiligen Wasser zu trinken. Dann gehen die beiden wieder zum Bahnhof.

Beim Einsteigen tritt dem Jungen der Schaffner aus Versehen auf den Fuß. Da sagt der Junge plötzlich: „Zum Teufel mit dir!"

Zunächst will die Frau den Jungen zurechtweisen, doch dann bricht sie in Freudentränen aus: Der Junge kann sprechen!

Überglücklich greift sie sofort zum Handy und ruft ihren Mann an. „Stell dir vor, ein Wunder ist geschehen, der Junge hat gesprochen!"

„Was hat er denn gesagt?"

„Zum Teufel mit dir!"

Darauf der Mann: „Er hat völlig Recht, du hast den falschen mitgenommen!"

Zu Wasser

Schicksalsgemeinschaft

Auf einer Überfahrt gerät die Fähre in Seenot. Die Passagiere müssen in die Rettungsboote. In eins dieser Boote gerät auch ein Pfarrer.
Die Wellen schlagen hoch und der Pfarrer fängt laut an zu beten. Nach und nach fallen alle Passagiere ein. Nur ein alter Mann schaut gleichmütig ins Wasser.
Die Passagiere legen alle möglichen Gelübde ab, falls sie gerettet werden, der alte Mann bleibt stumm.
Da ruft ihm der Pfarrer zu: „Wie kommt es, dass Sie bei dem Sturm so gelassen bleiben können?"
„Wenn das Boot sinkt", antwortete der Mann, „dann sinken wir alle mit; wenn ihr aber erreicht, dass wir gerettet werden, dann werde ich mit gerettet."

Gewusst wie

Ein französischer Seemann fragt einen Matrosen der königlich-britischen Marine, warum die Engländer auf dem Meer so oft siegten.
„Weil sie vorher beten", antwortet der Brite schlicht.
„Die Gegner beten doch aber auch", gab der Franzose zu bedenken.
„Das ist richtig", erklärt der Engländer, „aber wir beten auf Englisch."

Teure Bootsfahrt

Am Ufer des Sees Gennesaret möchte ein Pilger vom Bootsbesitzer wissen, wie teuer eine Fahrt auf dem See sei.

„50 Dollar!“

„Das ist ja eine Unverschämtheit!“, regt sich der Pilger auf.

„Bedenken Sie“, erwidert der Bootsführer, „dass Jesus hier zu Fuß über das Wasser gewandelt ist.“

„Kein Wunder! Bei den Preisen.“

Eine Frage des Standorts

Auf einem Kreuzer auf hoher See stellt ein Seekadett mit dem Sextanten die Position des Schiffes fest und meldet das Resultat.

Darauf geht der Kapitän in die Knie, nimmt die Mütze ab und beginnt ein Gebet zu sprechen.

„Aber, Herr Kapitän“, sagt der junge Mann, „seit wann ist es denn Brauch, bei der Marine zu beten, wenn das Besteck gemacht ist?“

„Sie haben übersehen“, gibt der Kapitän zurück, „dass wir uns nach Ihrer Berechnung mitten im Kölner Dom befinden ...“

Gottes Bodenpersonal – aus dem Pfarrhaus geplaudert

Predigers Kumpel

Lange Zeit überlegte ein Pfarrer, wie er angesichts gähnender Leere in der Kirchenkasse den Erhalt seiner drei Kirchen finanzieren soll.

Schließlich kam dem Gottesmann die rettende Erleuchtung. Der Geistliche braut nun Bier, um die Kirche zu retten.

Die Spezialitäten des frommen Neu-Unternehmers: ein Leichtbier namens „Pfarrers Freund", das Ale „Pfarrers Rache" und die Sorte „Predigers Kumpel". Noch hat sich niemand über diese neue Geldquelle des Pfarrers erbost. Prost!

Frankfurter Allgemeine

Gesegnete Mahlzeit

Die Haushälterin ist entsetzt, als der Pfarrer ohne ein Tischgebet das Mittagessen beginnt. Darauf angesprochen, erwidert der Pfarrer:

„Meine Liebe, bei Ihrer Kunst der Essenszubereitung befindet sich auf diesem Tisch nichts, worüber ich nicht schon dreimal den Tischsegen gesprochen habe."

Kollegiale Kritik

Von dem bayrischen Pfarrer Samuel Bach stammt folgendes Gedicht:

„Möchte nur wissen, Herr Collega“,
sprach ein Prediger entrüstet,
„warum in der neuen Kirche
schon der Schwamm sich eingenistet?“
„Nun, die Frage“, sagt der andre,
„meine ich, sei schnell erledigt;
das verursacht mit Bestimmtheit
Ihre wässerige Predigt.“
„Hm“, erwidert drauf der erste,
„da lässt sich ein Mittel finden.
Wollten Sie dazu verhelfen,
würden Sie mich sehr verbinden.
Nichts ist besser, um erfolgreich
diesen Erbfeind zu befehden,
als wenn Sie zuweilen halten
eine Ihrer trocknen Reden.“

Lange Rede

„Mein Gott, ich bin völlig erschöpft“, sagt der evangelische Pastor zu seiner Frau.

„Wieso?“

„Der Superintendent hat heute eine Rede von über zwei Stunden gehalten.“

„Und worüber?“

„Das hat er nicht gesagt.“

Mienenspiel

Ein Superintendent bittet seine Pastoren zu einem Gespräch, bei dem Fragen der Verkündigung durchgesprochen werden. Dabei sagt der Superintendent zu seinen Pastoren:

„Meine Herren Brüder, Sie müssen, wenn Sie predigen, das auch ein wenig mit Ihrer Mimik unterstreichen; wenn Sie zum Beispiel vom Himmel reden, müssen Sie ein strahlendes und fröhliches Gesicht machen."

Ein Amtsbruder meldet sich und fragt: „Herr Superintendent, und wenn ich nun von der Hölle rede?"

Da sagt der Superintendent: „Dann können Sie so bleiben, wie Sie immer sind!"

Ehrlich geteilt

Ein Pfarrer, der gern jagte, versprach dem hl. Hubertus vor der Entenjagd, dass er die Hälfte der Enten für sich nehmen und die andere dem Heiligen stiften würde.

Als ein Schwarm Enten in die Schusslinie kam, legte der Pfarrer an und schoss: Etliche Enten blieben liegen, die anderen flatterten empor.

„Greif zu, Hubertus", rief er da, „lass sie nicht wegfliegen, sie gehören doch dir."

Spannende Lektüre

Ein Pfarrer besucht seinen Kollegen im Pfarrhaus. „Wollen Sie nicht mit mir zum Pfarrkonvent gehen?“
„Nein, ich bin gerade dabei, ein aufregendes Buch zu lesen. Das möchte ich nicht weglegen. Ich will unbedingt wissen, wie es ausgeht.“
„Also, gut. Was ist das denn für ein Buch?“
„Das Neue Testament.“

Bestraft

Der Pfarrer wacht am Sonntag auf und hat überhaupt keine Lust, die Messe zu halten. Also bittet er seinen Kaplan, ihn zu vertreten, steigt in sein Auto und fährt zum Golfplatz.
Petrus hat das alles gesehen und meint zu Gott: „So willst du ihn doch nicht wegkommen lassen?“
„Natürlich nicht“, antwortet dieser.
Der Pfarrer steht an einem 5-Par-Loch, schlägt den Ball, der Ball fliegt und fliegt - genau in das Loch hinein.
Da meint Petrus zu Gott: „Was war denn das jetzt? Soll das eine Strafe sein?“
„Nun“, sagt Gott und lächelt, „wem will er es erzählen?“

Falscher Weg

Dialog zwischen zwei Pfarrern über die Frage, wie man den Kirchenbesuch wieder beleben könne:
„Wir haben jetzt gepolsterte Sitze, die Kniebänke sind abgeschafft, jede Woche halten wir einen Vortrag über

aktuelle Themen, und zweimal im Monat spielt eine Jazzkapelle. Aber die Kirche wird und wird nicht voll. Können Sie mir wohl sagen, was wir noch versuchen sollten?"
„Lieber Mitbruder, ich würde es mal mit Religion versuchen."

Vaterstolz

Ein Jesuit kommt zur Predigt in ein Pfarrhaus. Hinterher ist er zum Mittagessen eingeladen. Die Köchin bringt für jeden ein knuspriges Hähnchen. Aber noch ehe man beginnt, wird der Pfarrer dienstlich abgerufen.
Er sagt zum Pater: „Fangen Sie ruhig schon mal an, ich komme dann gleich nach."
Der Jesuit isst sein Hähnchen, und da es ihm gut schmeckt und der Pfarrer immer noch nicht zurück ist, bekommt er Appetit auf das zweite Hähnchen.
„Ehe es kalt ist, esse ich ein Stück", sagt er sich. Bald darauf ist das ganze Hähnchen des Pfarrers im Magen des Jesuiten verschwunden.
Als der Pfarrer dann schließlich nach einer guten Stunde wiederkommt, findet er die Platte leergegessen. Er macht aber gute Miene zum bösen Spiel und lässt sich von der Küche etwas anderes herrichten.
Nach dem Essen gehen die beiden im Pfarrgarten spazieren und bewundern dabei auch den Hühnerstall. In diesem stolziert ein herrlicher großer Hahn, und der Jesuit sagt: „Was für ein prächtiges Tier!"
„Ja", sagt der Pfarrer, „der hat auch Grund, stolz zu sein. Denn er hat zwei Söhne bei den Jesuiten."

Göttliches Erbarmen

Der Pfarrer geht abends spazieren und liest sein Brevier. Er ist müde und das Beten fällt ihm schwer. Als er aus dem Dorf hinauskommt, wird es ganz schön kühl und zugig. Von Zeit zu Zeit fährt der Wind ins Brevier und weht ein Blatt oder gar noch mehr um.

Der Pfarrer hält das Buch etwas höher und murmelt demütig: „Herr, wie du's willst! Ich hätt mich nicht getraut."

Seltsame Vertretung

Aus dem Bericht des Kirchenrates: Als unser Pfarrer krank war, haben die herumliegenden Pfarrer die Vertretung übernommen ..."

Christliche Sterbehilfe

Bei einer Visitation besichtigt ein Bischof auch die Kellerräume des Pfarrhauses. Mit Befremden bemerkt er Berge von leeren Weinflaschen, die hier aufgestapelt sind.

„Hier liegen aber sehr viele Leichen!", sagt er dem Pfarrer.

„Keine Sorge, Euer Exzellenz", antwortet der Pfarrer, „keine ist ohne geistlichen Beistand gestorben."

Die Nachfolger der Apostel – exzellente Eminenzen und Exzellenzen

Ungewisse Herkunft

Spaßvögel haben dem Pfarrer einen Streich gespielt und dessen eigene Todesanzeige aufgegeben. Der Pfarrer ist entsetzt und ruft seinen Bischof an.
„Natürlich, mein Bester, habe ich Ihre Anzeige gelesen“, erklärt der Bischof, „aber von wo aus rufen Sie eigentlich an?“

Beschwerden

Der Bischof hat eine Abordnung aus der Pfarrei Hintergsbach in seinem Palais. Der Bürgermeister, die Lehrerschaft und zwei ältere Damen beschweren sich, die Predigten seien viel zu langweilig, der Herr Pfarrer verschlafe manchmal am Sonntagmorgen, und er gehe des Abends gar oft im Wirtshaus ein.
Mit größter Geduld hört sich der Bischof alle Beschwerden an und fragt dann die Frau des Bürgermeisters:
„Nun, Frau Bürgermeister, haben Sie auch noch etwas vorzubringen?“
„Oh ja“, meint diese, „Herr Bischof, wenn er dann einmal nicht predigt, unser Pfarrer, dann liest er so einen langweiligen Hirtenbrief vor ...“

Gewissenserforschung

Drei Fragen zur Selbstprüfung formulierte der damalige Ruhrbischof Dr. Franz Hengsbach. Am Schluss eines Tages sollte man sich folgende Fragen vorlegen:

- Habe ich eine Sitzung besucht, die nicht nötig war?
- Habe ich zu einer Sitzung eingeladen, die nicht nötig war?
- Habe ich durch eine Wortmeldung, die nicht nötig war, eine Sitzung verlängert?

Ketzerisch

Dompropst Heinz-Werner Ketzer, der 1981 den Orden „wider den tierischen Ernst" erhalten hatte, sagte einmal über sich:

„Ich bin ein gläubiger Ketzer und der einzige mir bekannte Ketzer, der im Kölner Dom das Glaubensbekenntnis abgelegt hat."

Gegenfrage

Ein Bischof sprach vor einem Damenkränzchen von den Sakramenten. Er wollte die Damen prüfen, ob sie ihren Katechismus noch gut kannten, und fragte, wie viele Sakramente es wohl gäbe.

Eine Dame antwortete ihm: „Sechs." Und zählte sie bis auf eins auf.

„Warum habt Ihr das heilige, süße und erfreuliche Sakrament der Ehe weggelassen?", wollte der Bischof wissen.

„Wenn die Ehe so viele gute Eigenschaften hat", gab die Dame zurück, „warum versucht Ihr es nicht selbst damit?"

Reingelegt

Dem Erzbischof waren immer wieder Klagen über einen Kaplan zu Ohren gekommen, der einen unseligen Hang zum Wetten hatte. Jeder Pfarrer schickte ihn nach einiger Zeit weiter, obwohl er in seinen geistlichen Pflichten höchst gewissenhaft war und keinen Anlass zu weiterem Tadel bot.

Der Erzbischof hatte sich vorgenommen, das missratene Schäfchen auf den richtigen Weg zu bringen, und bestellte den Herrn Kaplan zu sich, um ihm den Kopf zu waschen. Seinen Pfarrer ließ er inzwischen im Vorzimmer Platz nehmen.

Der junge Mann war eingetreten, und Seine Eminenz ließ sich nach erwiesener Reverenz etwas stöhnend in seinem Sessel nieder. „Das kommt von Ihren Hühneraugen", meinte der junge Geistliche vorwitzig, „da möchte ich eine Wette eingehen."

„Das ist kompletter Unsinn, junger Mann", donnerte der Erzbischof, „das müsste ich schließlich wissen."

„Ich würde eine Flasche guten Weins dagegen setzen", wagte sich der Kaplan noch einmal vor.

Schon glaubte der Erzbischof ihn bei seiner schwachen Seite erwischt zu haben. Entschlossen, den Schaden an der Wurzel zu korrigieren, nahm er die Wette an und ließ sich von dem Kaplan Schuhe und Strümpfe ausziehen. Triumphierend stellte er fest, dass die Wette von ihm gewonnen war, kassierte aus pädagogischen Gründen die Wette für die Flasche und schickte den Kaplan nach gehöriger Kopfwäsche zurück zu seinem Vorgesetzten.

„Ich hoffe, es hat geholfen", sagte Seine Eminenz unter

vier Augen zu dem hereingerufenen Pfarrer und erzählte ihm die Geschichte von der fehlgeschlagenen Wette und der Lehre, die sein Kaplan sich wohl für künftige Einfälle hinter die Ohren schreiben werde.
„Um Himmels willen“, stotterte der Pfarrer, „und mit mir hat er vorher noch eine Wette gegen zehn Flaschen abgeschlossen, er werde innerhalb einer halben Stunde durchsetzen, dass Eminenz Schuhe und Strümpfe vor ihm ausziehen!“

Tarnkleidung

Ein Bischof schalt einen Geistlichen, der auf einem Ball gewesen war.
„Herr Bischof“, erwiderte der junge Geistliche, „ich habe eine Maske getragen.“
„Das gibt der Sache allerdings ein anderes Gesicht“, meinte der Bischof.

Zu viel des Guten

Der Bischof sitzt beim Frühstück, als ein Pfarrer angemeldet wird. Der Bischof lässt diesen eintreten und bittet ihn zu Tisch: „Frühstücken Sie doch mit mir.“
„Danke, Herr Bischof“, erwidert der Pfarrer, „erstens ist heute Fasttag, und zweitens habe ich schon reichlich gefrühstückt.“

Nicht autorisiert

Ein eifriger Kleriker hat in einer umstrittenen öffentlichen Frage Stellung bezogen und seinen Bischof damit in arge Verlegenheit gebracht.

„Wie konnten Sie erklären, in dieser heiklen Sache für den gesamten Klerus der Diözese zu sprechen“, rügt der Bischof den Übereifer seines Untergebenen, „schließlich haben Sie sich doch mit niemandem, soweit ich weiß, darüber beraten!“

„Ich habe mir meinen Rat vor dem Kruzifix erfragt“, stammelt der Zurechtgewiesene.

„Nicht schlecht“, erwidert der Bischof, „aber dann hätten Sie auch nur das erklären dürfen, was Ihnen das Kruzifix gesagt hat!“

Großherzigkeit

Ein Fürstbischof ist auf der Jagd. Er legt an und schießt auf eine Wildgans. Da er nicht mehr gut sieht, fragt er seinen Sekretär: „Gut getroffen?“

Darauf dieser: „Seine Exzellenz haben geruht, die Wildgans zu begnadigen!“

Farbenfroh

„Watt sind dett für Beeren?“

„Blaubeeren, Eminenz, manche nennen se auch Schwarzbeeren.“

„Und warum sind se dann rot?“

„Weil se noch jrün sind, Eminenz!“

Überlistet

An der Tafel des Kardinals Jean du Bellay (1493–1560) wurde ein leckerer Aal serviert. Ein armer Dichter, der des Öfteren zu Gast war, schlug leicht an die Schüssel und meinte: „Schwer verdaulich!"
Der Kardinal ließ von der Speise ab, da er einen schwachen Magen hatte, und der Aal wurde in das Vorzimmer gebracht.
Nach der Mahlzeit empfahl sich der Gast für kurze Zeit. Als er nicht wiederkam, ging der Kardinal nachschauen. Da sah er, wie der Dichter im Vorzimmer in aller Ruhe den Aal verspeiste. „Wie das!", rief der Kardinal, „ich denke, der Aal ist schwer verdaulich?"
„Das habe ich nicht gesagt", entgegnete zufrieden kauend der Poet, „ich habe natürlich die Schüssel gemeint."

Signalfarbe

Der französische Kardinal und Staatsmann Armand Jean du Plessis Richelieu (1585-1642) hörte eines Tages die Predigt eines Franziskaners. Der gefürchtete Kardinal war erstaunt, wie unbefangen dieser zur Gemeinde sprach. Nach der Predigt nahm er ihn beiseite und sprach:
„Wie habt Ihr in meiner Anwesenheit nur so ohne Scheu sprechen können?"
„Eminenz", gab der Mönch zur Antwort, „in meinem Garten habe ich die Predigt letzte Woche geübt. Und unter den vielen weißen Kohlköpfen war auch ein roter."

Für einen guten Zweck

Der Erzbischof von Aix, Monsieur de Cosnac, war sehr alt, als er erfuhr, dass Franz von Sales heilig gesprochen worden war.

„Oh, das freut mich", sagte der Erzbischof. „Er war so ein netter, liebenswürdiger Mann! So ein anständiger Mann, wenn er auch beim Piquet gemogelt hat."

„Ja, aber, Monseigneur", sagte ein Zuhörer, „wie ist es möglich, dass ein Heiliger beim Spiel mogelt?!"

„Doch, doch", meinte der Erzbischof. „Er sagte, alles, was er gewinne, gebe er den Armen."

Ohne Kommentar

Antoine Godeau (1605–1672), Bischof von Vence und ein fruchtbarer Schriftsteller sowie Mitglied der Académie française, sagte:

„Das Paradies des Schriftstellers ist das Schreiben, das Fegefeuer, wenn er das Geschriebene überarbeitet, und die Hölle, wenn er die Korrekturfahnen von der Druckerei bekommt."

Schwerhörig

Im Lande regnete es ständig und die Ernte drohte zu verfaulen. Der Bischof von Castres entschloss sich deshalb, die hl. Genoveva, die Schutzheilige für das Wetter, um Sonne zu bitten. Dazu wurde mit einer Reliquie der Heiligen eine Prozession veranstaltet.
Der Himmel war wolkenverhangen, aber es regnete gerade nicht. Der Zug setzte sich in Bewegung und – es fing an zu regnen.
„Die Heilige muss uns falsch verstanden haben", rief darauf der Bischof. „Sie meint, wir wollen Regen haben!"

Verdauungsstörung

Kardinal Carpegna war ein sehr starker Esser; er beklagte sich bei Papst Innozenz XI. (reg. 1676–1689), dass man sich über ihn lustig mache.
Da meinte der Papst: „Wer isst, muss auch schlucken können."

Schlaftablette

Ein Missionar predigte in der Kathedrale von Amiens. Bischof Francios de Salignac de la Mothe-Fénelon (1651–1715) schlief dabei ein. Nachher sagte der Prediger zum Bischof: „Monseigneur, Sie haben bei der Predigt geschlafen."
Der Bischof gab zurück: „Was beschweren Sie sich? Sie haben mich doch eingeschläfert."

Viel zu kurz abgeschnitten

Friedrich II. (1712-1786) übernahm nach der Teilung Polens einen großen Teil der Besitzungen des Bischofs von Ermland.
Als der Bischof am Hof des Preußenkönigs weilte, wurde er von diesem gefragt: „Tragen Sie mir den Verlust noch nach?"
„Sire", antwortete der Bischof, „ich werde als guter Untertan meine Pflicht gegen meinen Landesherren nicht vergessen."
Der König fragte weiter: „Und wenn mir der heilige Petrus den Zugang zum Paradies verweigert, werdet Ihr mich unter Eurem Mantel versteckt mitnehmen?"
„Das wird kaum möglich sein", gab der Geistliche zurück, „Eure Majestät haben mir den Mantel so kurz geschnitten, dass keine Schmuggelware darunter Platz hat."

Pressefreiheit

Der englische Bischof Alfons Woodcliff reiste nach New York. Bei seiner Ankunft wurde er von einem Reporter eines Boulevardblattes provozierend gefragt, ob er auch die berühmten Nachtlokale besuchen würde.
Der Bischof, der vor den Reportern schon gewarnt worden war, erwiderte vorsichtig: „Gibt es denn Nachtlokale in New York?"
Am Tag darauf musste der Bischof in der Zeitung die Schlagzeile lesen:
„ERSTE FRAGE DES BISCHOFS WOODCLIFF: GIBT ES NACHTLOKALE IN NEW YORK?"

Küchengeplauder

Als Angelo Giuseppe Roncalli noch Apostolischer Delegat in Konstantinopel war, arbeitete in seiner Küche ein erst kürzlich zum Christentum übergetretener junger Türke.

Eines Tages kam Roncalli in die Küche, als der junge Mann gerade beim Geschirrabwaschen war, und er sah, dass dieser die Gläser nur mit kaltem Wasser spülte und abtrocknete. So redete er ihm ins Gewissen:

„Höre, mein Sohn, du machst dir deine Arbeit zu leicht. Die Gläser sehen zwar sauber aus, sind es aber keinesfalls. An ihnen haften noch viele tausend Bakterien, und deshalb muss das Geschirr mit heißem Wasser gespült werden."

In der Annahme, der junge Türke habe noch nie etwas von Bakterien gehört, fügte Roncalli hinzu:

„Bakterien, mein Sohn, sind winzige Lebewesen. Man kann sie nicht sehen, aber sie können die schlimmsten Krankheiten hervorrufen, an denen man sogar sterben kann."

Der so Belehrte schaute betreten auf den Boden. Dann hob er jedoch den Kopf und sagte strahlend:

„O ja, ich verstehe, aber wir Christen – wir glauben natürlich nicht an solchen Unsinn, Monsignore!"

Bürokratie

Vor etlichen Jahren ordnete die niederländische Regierung im Blick auf die Treibstoffknappheit an, dass eine Zeitlang an bestimmten Sonntagen außer Ärzten und Hebammen nur noch Theater-, Musik- und Artistengruppen ein Kraftfahrzeug benutzen dürfen. Kardinal Bernadus Joannes Alfrink (1900–1987) musste jedoch zu einem Pontifikalamt fahren und erhielt zu diesem Zwecke einen Genehmigungsschein als „Artist mit Ausrüstung".

Reihenfolge

Während eines diplomatischen Empfangs sprach Erzbischof Roncalli (der spätere Papst Johannes XXIII.) mit dem Oberrabbiner von Paris.

Beim Eintritt in den Speisesaal wollte ihm der Rabbiner den Vortritt lassen. Roncalli wehrte ab: „Oh nein, erst das Alte Testament, dann das Neue."

NT
AT

Die Stellvertreter Christi – im Vatikan belauscht

Des einen Freud ...

Vor einigen hundert Jahren schrieb ein frommer Münchener Domherr einen Bittbrief nach Rom, man möge den Bayern das Biertrinken während der Fastenzeit verbieten. Der Verzicht auf den Genuss des Bieres sei ein viel größeres Opfer als der Verzicht auf Fleisch.
Die römische Behörde wollte den Fall genau prüfen. Sie ließ ein Fässchen Bier aus München kommen, und die Kardinäle probierten.
Das ungewohnte und bittere Getränk war Gift für die weinverwöhnten Zungen der hohen Herren. So schrieben sie dem Domherren zurück:
„In poenitentiam bibant – Sie sollen es zur Buße trinken!"

Cäsar und Brutus

Bonifaz VIII., der von 1294 bis 1303 Papst war, trat als weltlicher Herrscher auf und beanspruchte für sich die Macht eines Kaisers.
„Ich bin Cäsar!", rief er aus.

Schon zu seinen Lebzeiten ließ er sich ein prächtiges und teures Grabmal errichten, was auf heftige Kritik stieß. Auf die Frage des hochmütigen Papstes, ob das Monument nicht perfekt in Größe und Schönheit sei, gab ein Bischof mutig zur Antwort:
„Etwas fehlt noch, Ihr selbst."

Drohung
Urban V., der als Papst (reg. 1362–1370) lange in Avignon residierte, bekam Besuch von drei Gesandten aus Perugia. Der Papst lag krank darnieder. Trotzdem ließ er sie zu sich vor, sie sollten aber wenig reden.
Einer von ihnen, ein Gelehrter, redete jedoch so weitschweifig, dass der Papst des Öfteren seinen Unmut zum Ausdruck brachte, ihn aber aus Höflichkeit nicht unterbrach.
Nachdem der Mann endlich geendet hatte, fragte der Papst in seiner Liebenswürdigkeit die anderen, ob sie nicht auch noch etwas vorzubringen hätten.
Einer der Gesandten hatte die Taktlosigkeit des Gelehrten und die Verstimmung des Papstes bemerkt und sagte: „Heiligster Vater! Wenn Ihr unsere Forderungen nicht erfüllt, wird mein Kollege seine Rede noch einmal halten."
Die Schlagfertigkeit beeindruckte den Papst, er lächelte und erfüllte die Forderungen der Gesandten.

Göttliche Weisheit

Papst Pius II., der von 1458 bis 1464 amtierte, stammte aus dem Geschlecht der Piccolomini und war wegen seiner historischen und literarischen Werke (z. B. Historia Friderici III.) sehr angesehen.

Er kannte sich als ehemaliges Mitglied der Kanzlei Friedrichs III. und als Bischof von Triest und Siena mit der kirchlichen und weltlichen Politik gut aus. Wohl deswegen erklärte er die Schwierigkeiten bei der Ernennung von Kardinälen wie folgt:

„Um gute Bischöfe zu ernennen, ist die Diskretion der Engel gefragt; um Kardinäle zu erwählen, brauchte man die Weisheit von Gottvater persönlich."

Verdrehte Welt

Solange der spätere Papst Sixtus V. die höchste Würde der Christenheit anstrebte, lebte er von Wasser und Brot. Sein Wahlspruch lautete: „Panis et aqua, vita beata – Brot und Wasser, glückliches Leben".

Als er 1585 Papst geworden war, änderte er seine Diät sehr energisch und sagte nun:

„Aqua et panis, vita canis – Wasser und Brot, ein Hundeleben."

Zickig

Papst Sixtus V., der von 1585 bis 1590 amtierte, empfing eines Tages einen Edelmann aus Spanien, der als Botschafter von König Philipp II. gesandt worden war.

In Rom waren zu dieser Zeit Vollbärte in Mode, die jungen Männer wollten sich damit ein reifes und kriegerisches Aussehen geben.
Der junge spanische Graf trug allerdings keinen Bart. Sixtus bemerkte abfällig: „Dem spanischen König fehlen wohl Männer, wenn er mir einen bartlosen Knaben schicken muss!"
Dieser entgegnete schlagfertig: „Hätte mein König gewusst, dass Eurer Heiligkeit ein Bart lieber ist als ein Edelmann, dann hätte er Euch sicherlich an meiner Statt einen Ziegenbock geschickt."

Heilig währt am längsten
Am Audienztag ließ sich Papst Benedikt XIV. (1675 bis 1758) die Liste der angemeldeten Besucher vorlegen. Neben Kardinälen, Bischöfen, Mönchen, Bittstellern und Gesandten fand sich auch ein Vertreter der Stadt Genf, welcher natürlich dem reformierten Glauben anhing.
„Lassen Sie den Ketzer zuerst eintreten", befahl Benedikt seinem Sekretär. „Er wird sich sicher im Vorzimmer langweilen, während die anderen die Zeit damit ausfüllen, immer heiliger zu werden."

Der Antichrist
Ein alter Pater wandte sich sehr aufgeregt bei einer Audienz an Papst Benedikt XIV., der von 1740 bis 1758 amtierte: „Mir wurde im Traum offenbart, dass der Antichrist auf die Welt gekommen sei."

Wie alt denn der Antichrist sei, wollte Benedikt wissen. „Dreieinhalb Jahre“, antwortete der Pater.
„Da bin ich beruhigt“, gab Benedikt zurück, „dann dürfte erst mein Nachfolger für ihn zuständig sein.“

Von Pontius zu Pilatus
Selbst angesichts des Todes fand Benedikt XIV. noch die Kraft, Späße zu machen. Er wollte seine Vertrauten von sich und seinem Zustand ablenken und sie etwas aufmuntern.
Zwar vertraute er den Erkenntnissen der Medizin und hielt große Stücke auf seinen Arzt, trotzdem musste dieser für seine Witze herhalten.
So sagte er zu den Umstehenden, indem er auf seinen Leibarzt Ponzio zeigte: „Jesus ist an Pilatus gestorben, ich werde wohl an Pontius sterben.“

Er stürzt die Mächtigen vom Thron
Pius VII., der sich in seiner Amtszeit (1800–1823) mit Napoleon auseinandersetzen musste und sogar von diesem gefangen genommen wurde, war ein bescheidener Mann.
Als Napoleon seinen General zu ihm schickte, der ihm drohen und alle möglichen schlimmen Folgen ausmalen sollte, falls der Papst nicht den Wünschen Napoleons folgte, saß Pius am Tisch und aß ein kleines Stück Fisch. Er hörte den General an und sagte dann gelassen: „Es ist schwer, einen Herrscher einzuschüchtern, der nur eine Scudo täglich zum Leben braucht.“

Heilige Falle

Eines Tages unterhielt sich Papst Pius IX., dessen Amtszeit von 1846 bis 1878 dauerte, mit dem Dominikanerpater Lacordaire über die Ehe. Anlass war die Heirat dessen Freundes Frédéric Ozanam.

„Mein Freund", meinte der Pater, „ist in die Falle der Ehe geraten."

„Wie soll das gehen", antwortete Pius, „wollen Sie behaupten, unser Herr Jesus Christus hätte sechs Sakramente und eine Falle gesetzt?"

Gefährlicher Beruf

Papst Pius IX. (1792–1878) litt an einem hartnäckigen Brustleiden. Er ließ deswegen den berühmten französischen Arzt Alphonse Guerin aus der Bretagne rufen. Guerin behandelte den Papst sieben Wochen lang, und die beiden schlossen dabei Freundschaft.

Bei der Entlassung meinte Pius wohlwollend: „Da werden Euch Eure Landsleute einen großen Empfang bereiten, wenn Ihr wieder in die Heimat zurückkehrt."

„Ach", gab der Arzt zurück, „ich habe niemandem gesagt, wer mein Patient ist, und ich werde mich hüten, es zu tun.

Wenn ich meinen Landsleuten erzähle, dass ich meinen Kopf jeden Tag an Ihre Brust gehalten habe, dann sind sie, so wie ich meine Bretonen kenne, in der Lage, mir die Ohren abzuschneiden und Reliquien daraus zu machen."

Nicht bibelfest

Leo XIII., Papst von 1878 bis 1903, hatte sich gelegentlich porträtieren zu lassen. Einmal musste sich der greise Oberhirt stark zurückhalten, da der Maler eine andere Vorstellung seines Äußeren hatte als er selbst. Doch er wollte keine Konfrontation und so hielt er still.

Nach Beendigung der Arbeiten fragte der Maler, was er für einen Spruch unter das Bild schreiben sollte. Leo antwortete sofort: „Schreiben Sie darunter: Matthäus 14,27 – Leo XIII."

Der Maler tat, was ihm geheißen ward, doch als er nach Haus kam, schlug er voller Neugier in der Bibel nach und fand:

„Ich bin es, fürchtet euch nicht!"

Drahtlos

Als Pius X. 1903 gewählt worden war, wurde der Name von einem Angestellten des Vatikans noch vor der feierlichen Verkündigung sozusagen drahtlos der wartenden Menge auf dem Petersplatz übermittelt.

Er stellte sich an ein Fenster, das zum Platz ging, und machte mit der Hand die Bewegungen einer Schere nach, so als ob er Tuch schneide.

Die Menge verstand: Zum Papst war Kardinal Sarto (= Schneider) gewählt worden.

thäus
14, 27

Römische Depesche

Im Jahre 1903 wurde der Patriarch von Venedig zum neuen Papst gewählt. Eine deutsche Zeitung schrieb: „Gestern wurde der Erzbischof der Lagunenstadt Siegfried Anton Richard Theodor Otto zum Nachfolger auf dem Stuhl Petri gewählt."

Über die vielen deutschen Vornamen wunderten sich die Leser sehr.

Am nächsten Tag klärte die Zeitung ihre Leser auf: Der Korrespondent aus Rom hatte den Namen buchstabiert, damit der Empfänger ihn besser verstehe. Der bürgerliche Name von Papst Pius X., der bis 1914 amtierte, war SARTO!

Alter Wein

Früher war es Brauch, dass eine angebrochene Flasche nicht mehr auf dem päpstlichen Tisch erscheinen durfte, auch wenn daraus nur wenig getrunken worden war. Eines Tages wurde Pius X. von einem Unwohlsein befallen. Ein Bediensteter kam auf den Gedanken, dem Papst einige Tropfen eines alten Tokaierweins einzuflößen. Die Gesundheit des Papstes war schnell wieder hergestellt. Beim Mittag erinnerte sich der Papst an den guten Tropfen, und der Diener sollte den Tokaier bringen. Dieser errötete heftig und erinnerte stammelnd an das Verbot.

„Nun gut, wir heben das Verbot auf!"

Nun wurde der Diener vor Verlegenheit dunkelviolett, und der feinfühlige Papst begriff, dass der Tokaier auch nach der Aufhebung des Verbots nie wieder erscheinen würde.

Von da ab verwahrte der Papst die guten Flaschen in seinem Zimmer und ließ sie sich bis zum letzten Tropfen zum Nachtisch auftragen.

Schauspieler

Im Heiligen Jahr 1925 befand sich unter den Rompilgern auch der Jesusdarsteller Anton Lang aus Oberammergau.

Als er Papst Pius XI. ein Album von den Passionsspielen in Oberammergau überreichte, sagte er schüchtern: „Eure Heiligkeit, ich bitte Sie um den besonderen Segen für Oberammergau, für meine Familie und für mich selbst."

Darauf erwiderte Pius verschmitzt: „Unseren Segen? Den können wir euch nicht geben. Wir sind ja nur Christi Stellvertreter, Sie aber sind Jesus selbst!"

Luxus

Pius XI., Papst von 1922 bis 1939, erkrankte an seinem Lebensende schwer. Trotz der schwierigen Zeiten wurde dem prominenten Patienten jede Hilfe zuteil. Neben dem Leibarzt umstanden zeitweise vier Ärzte, Spezialisten aus den besten Krankenhäusern Roms, sein Krankenbett.

Lächelnd meinte der bescheidene Papst: „Was, gleich fünf? Genügt nicht ein einziger, um mich alten Mann ins Jenseits zu befördern?"

Der alte Mann und der Segen

Pius XII., der das Papstamt von 1939 bis 1958 inne hatte, empfing 1945 einige amerikanische Soldaten. Als der Papst den Segen spenden wollte, sagte ein Offizier: „Heiliger Vater, ich bin Protestant."
„Gut", wandte sich der Papst zu den übrigen, „für euch gilt der Segen des Papstes. Für Sie aber", und damit wandte er sich an den Offizier, „gilt der Segen eines alten Mannes."

Verkehrte Richtung

Bei einer Audienz für französische Fallschirmjäger rühmte Papst Johannes XXIII. (1881–1963) den Mut der Truppe. Er meinte, dass er vielleicht auch zu den „Paras" gegangen wäre, wenn es sie schon in seiner Jugendzeit gegeben hätte.
Die Soldaten standen stolz vor Johannes. Er wies sie aber auch darauf hin, dass ein Kirchgang am Sonntag ihm noch besser gefalle als das Draufgängertum:
„Während ihr so eifrig darauf bedacht seid, getreu nach der Vorschrift vom Himmel zu fallen, möchte ich doch nicht, dass ihr am Ende vergesst, wie ihr hinaufkommt."

Gemeinsam schmeckt es besser

Johannes XXIII., Papst von 1958 bis 1963, mochte das Alleinsein nicht, zumal bei den Mahlzeiten. Das Protokoll schrieb jedoch vor, dass der Papst seine Mahlzeiten allein einzunehmen habe. Seine Vorgänger hatten sich daran gehalten. Dem konnte er sich aber nicht fügen und erklärte:

„Ich habe mit großer Aufmerksamkeit die Heilige Schrift gelesen, ohne darin eine Stelle zu finden, die abgesonderte Mahlzeiten vorschreibt. Wie jeder weiß, liebte auch Jesus, in Gesellschaft zu speisen."

Immer unterwegs

Da Angelo Giuseppe Roncalli (1881-1963) erst im hohen Alter den Papstthron bestieg, bezeichnete man ihn als „Papa di passaggio", als Übergangspapst. Bald wurde Johannes XXIII. wegen seiner vielen Besuche und Reisen „Papa di passeggio", der „spazieren gehende Papst", genannt. Die englischen und amerikanischen Korrespondenten in Rom erfanden für ihn in Anlehnung an die bekannte Whiskymarke den einprägsamen Namen „Johnnie Walker".

Amtslast

Ein neuernannter Bischof besuchte Johannes XXIII., der von 1958 bis 1963 regierte. Als ihn der Papst fragte, wie es ihm in seinem neuen Amt gehe, gestand der Bischof, dass er die Last seiner Verantwortung spüre und darum oft nicht schlafen könne. Johannes XXIII. erzählte ihm darauf, dass es ihm in den ersten Tagen seines Papsttums ähnlich ergangen sei, das hätte sich aber schlagartig geändert. „Denn ich träumte", so fuhr er fort, „dass mir mein Schutzengel erschien; und er sagte zu mir: ‚Johannes, nimm dich nicht so wichtig!'"

Große Ehre

Durch einen Zufall hatte es sich ergeben, dass Papst Johannes XXIII. ein Mitglied der wachhabenden Schweizergarde einladen konnte, mit ihm zusammen das Mittagessen einzunehmen.

Der ob dieser unverhofft zuteil gewordenen Ehre sehr aufgeregte Gardist saß steif am Tisch und der Schweiß rann ihm über das Gesicht.

„Mein Sohn, warum bist du so aufgeregt?"

Der Schweizer wischte sich mit der Hand über die Stirn: „Eure Heiligkeit, essen Sie mal mit einem Papst."

Dienstränge

Papst Johannes XXIII. besuchte in Rom das Krankenhaus „Zum Heiligen Geist", das von Nonnen geleitet wird.

Die Oberin kam, wegen des hohen Besuchs aufgeregt, herbeigeeilt und stellte sich vor: „Heiliger Vater, ich bin die Oberin vom ‚Heiligen Geist'." „Haben Sie aber ein Glück – ich bin nur der Stellvertreter Christi", gab der Papst lachend zurück.

Heiligs Blechle

Der italienische Kardinal Micara entschuldigte sich für sein Zuspätkommen zur Audienz damit, dass er eine geschlagene Viertelstunde nach einem Parkplatz für sein Auto habe suchen müssen.

Johannes XXIII. meinte daraufhin verständnisvoll: „Das ist doch nichts Neues! Noach suchte 14 Tage, ehe er einen Landeplatz für seine Arche fand."

Aberglaube

Als im Juni 1963 das Konklave bevorstand, kombinierten die Römer auf ihre Art: einem „dicken" Papst mit einem r im Familiennamen folgt immer ein „dünner" ohne r. Diese abergläubische „Überzeugung" basiert auf einer über hundertjährigen Beobachtung.

1846 wurde Giovanni M. Mastai-Ferretti zum Papst gewählt: Pius IX. – mit r im Familiennamen und dick. Ihm folgte 1878 Gioacchino Pecci: Leo XIII. – ohne r und dünn. Giuseppe Sarto war dick und hatte ein r – er bestieg als Pius X. den Papstthron (1903).

Dünn und ohne r – so wurde Giacomo della Chiesa 1914 zu Benedikt XV.; Achille Ratti, korpulent und mit r, wurde 1922 Pius XI. Sein Nachfolger war, dünn und ohne r, Eugenio Pacelli als Pius XII. (1939-58).

Danach wurde Angelo Roncalli zum Papst Johannes XXIII. gewählt: dick und mit r.

Für die Römer stand fest, dass Montini der nächste Papst werden würde: Dünn und ohne r. Giovanni Battista Montini bestieg als Paul VI. den Heiligen Stuhl.

Kleine Verspätung

Montini hat auch als Papst Paul VI. (reg. 1963–1978) nie die Namenstage seiner Verwandten, Freunde und Mitarbeiter vergessen – ein kleines Geschenk, ein Anruf oder ein paar Zeilen bewiesen seine Zuneigung und Verbundenheit.

An seinem Namenstag, dem Tag des heiligen Aloysius, dem 21. Juni 1963, verfolgte Don Luigi, der ehemalige Sekretär von Erzbischof Montini, aufmerksam die Nachrichten, denn sein ehemaliger Chef war an dem Tag zum Papst gewählt worden.

Gegen 21.00 Uhr läutete das Telefon im Pfarrhaus. Don Luigi eilte zum Telefon:

„Alles Gute zu deinem Namenstag ...“

„Oh ... Heiligkeit ...!“, mehr brachte Don Luigi nicht heraus.

„Ja, ich bin es. Entschuldige, dass ich erst so spät anrufe ...“

Langsame Reformen

Paul VI. (1897–1978) konnte die Redaktion des „Osservatore Romano“ nur stufenweise, mit immer neuen Bitten, zu einem nüchternen Stil führen. Es gibt ein anschauliches Beispiel für die Veränderung des Hofstils: Offizielle Mitteilungen des Heiligen Stuhls, beispielsweise Bischofsernennungen, wurden im Osservatore immer mit der Formel eingeleitet: „Die Heiligkeit Unseres Herrn hat sich gütigst herabgelassen ...“ Montinis Feldzug gegen diese Floskeln dauerte vier Jahre.

Im ersten Jahr wurde „Die Heiligkeit Unseres Herrn" durch „Seine Heiligkeit der Papst" ersetzt, der Rest blieb. Im zweiten Jahr wurde „gütigst" gestrichen, die Herablassung blieb. Im dritten Jahr ließ sich der Papst auch nicht mehr herab.
Im vierten Jahr endlich hat sich der Osservatore dazu durchgerungen, der päpstlichen Anweisung ganz Folge zu leisten und schlicht zu schreiben: „Der Heilige Vater hat ..."

Tierisches Geschenk
Bei seinem letzten Amtsbesuch in Rom schenkte der Kölner Kardinal Josef Frings Papst Paul VI. (1897–1978) seinen langjährigen Gefährten, den Papagei Yoko.
Jeden Morgen, wenn der Papst nun das Zimmer betrat, krächzte der Papagei: „Guten Morgen, Eminenz!"
Paul VI. mühte sich vergeblich, dem Papagei beizubringen, dass einem Papst mehr gebühre als die Anrede eines Kardinals.
Nach sechs Wochen hat er die rettende Idee. Ein feierlicher Aufzug soll den Papagei überzeugen. So lässt er sich am nächsten Tag, gekleidet in Soutane und mit Tiara und Hirtenstab ausgerüstet, würdevoll in einem Tragsessel von der Schweizergarde in sein Arbeitszimmer eskortieren.
Erwartungsvoll blickt er auf Yoko, den Papagei. Dieser scheint zunächst etwas verwirrt, doch dann flattert er ganz begeistert und ruft: „Kölle Alaaf!"

Zeit zum Essen

Johannes Paul II., der 1978 zum Papst gewählt wurde, hatte von Anfang an auch die irdischen Bedürfnisse der Gläubigen im Blick. Am Tag nach seiner Wahl hielt er den ersten „Angelus", das traditionelle Mittagsgebet, vor der großen versammelten Schar der Gläubigen auf dem Petersplatz, die den neuen Papst sehen und hören wollten. Danach folgte eine Ansprache.

Die Gläubigen, darunter viele Pilger, richteten sich auf eine lange Rede ein, da sie glaubten, dass der neue Papst einige programmatische Punkte seines Pontifikats verkünden würde.

Doch nach einer Viertelstunde beendete der Papst seine Rede und fügte hinzu: „Ich glaube, jetzt ist es Zeit für das Mittagessen – für Euch und auch für den Papst."

Sprachprobleme

Johannes Paul II., der erste Nichtitaliener seit Papst Hadrian VI. im 16. Jahrhundert und erste Pole auf dem Papststuhl, konnte schon vor seiner Amtszeit als Papst gut Italienisch und auch manche andere Sprache, z. B. Deutsch, Englisch, Spanisch und Russisch. Die italienische Zeitung „Espresso" bezeichnete den Polen darum auch als „Simultandolmetscher Gottes".

Die Frankfurter Allgemeine Zeitung traf allerdings neben das Ziel, als sie schrieb: „Johannes Paul II., der mehr als drei Stunden lang ohne Dolmetscher mit Jaruzelski (dem polnischen General) gesprochen hat ..."

Wasserverdrängung

In Castel Gandolfo, der Sommerresidenz des Papstes, ließ sich Johannes Paul II. einen Swimmingpool bauen. Der Arzt hatte ihm aus gesundheitlichen Gründen Schwimmen empfohlen.
Die Beamten im Vatikan fürchteten die Skandalpresse: Der Papst in Badehosen! Und überhaupt, die Kosten für solch einen Luxus.
Johannes Paul winkte ab: „Rechnet aus, was ein neues Konklave kostet, und dann vergleicht."

Rechtsverdreher

Bei seinem Besuch in Mexiko waren einige juristische Spitzfindigkeiten notwendig, damit Papst Johannes Paul II. im Freien die Messe lesen konnte. Durch die strikte Trennung von Staat und Kirche sind Messen und das Tragen der Soutane im Freien verboten, und es dürfen auch nur Mexikaner die Messe lesen.
Die Soutane wurde deshalb kurzerhand zum „Tageskleid" erklärt. Der Platz vor den Kirchen wurde zu „Vorhöfen" und, da der Papst Spanisch konnte, wurde er gleich zum Mexikaner erklärt.
Johannes Paul bemerkte, als er von diesen Umdeutungen hörte: „Juristen sind also doch zu etwas gut."

Autorenrechte

Bei einer großen Wallfahrt hielt Papst Johannes Paul II. eine Rede über den heiligen Paulus. Er verwendete viele Zitate aus den Briefen. Die Menge war so in Stimmung, dass die Rede des Öfteren mit Beifall unterbrochen wurde. Der Papst schloss die Predigt mit einem weiteren Zitat und setzte hinzu: „Das waren die Worte des heiligen Paulus!“
Die Menge applaudierte begeistert.
Der Papst fügte hinzu: „Das sage ich wegen der Autorenrechte!“
Wieder brandete Beifall auf.
Erneut ergriff Johannes Paul das Wort: „Ich freue mich, dass der heilige Paulus von euch so gefeiert wird.“

Schirmherr

Trotz des strömenden Regens hatten sich am ersten Weihnachtsfeiertag wieder Zehntausende Menschen auf dem Petersplatz versammelt. Zum Schluss seiner Ansprache rief Papst Johannes Paul II. den tapfer im Regen Ausharrenden zu: „Ich grüße alle Personen – und alle Schirme!“

Theologen und Theologiestudenten – sich gegenseitig den Glauben erklärend

Feine Unterschiede

Philosophie ist, wenn einer in einem dunklen Zimmer mit verbundenen Augen eine schwarze Katze sucht.
Metaphysik ist, wenn einer in einem dunklen Zimmer mit verbundenen Augen eine schwarze Katze sucht, die gar nicht da ist.
Theologie ist, wenn einer in einem dunklen Zimmer mit verbundenen Augen eine schwarze Katze sucht, die gar nicht da ist, und plötzlich ruft: „Ich hab sie!"

Isaaks Diener

Ein Tübinger Theologieprofessor hatte seine Studenten in einem kleinen Weinlokal zum Semesterabschlussumtrunk eingeladen. Eine freundliche Kellnerin brachte den Herren die Weinkarte.
Der Professor bestellte als erstes für sich und erkundigte sich dabei: „Darf man wissen, wie Sie heißen?"
„Rebekka."
„Oh, Sie scheinen ihrem lieblichen Vorbild aus der Bibel wirklich zu gleichen. Das kennen Sie doch?"
„Gewiss doch, Herr ... Elizier!", lachte die Kellnerin, „und ich bin auch bereit, Ihre Herren ... Kamele zu tränken!"

Irrtum

Der berühmte Philosoph Moses Mendelssohn traf eines Tages drei junge Studenten, die sich für besonders geistreich hielten. Diese wollten sich auf seine Kosten lustig machen und begrüßten ihn nacheinander mit den Worten:

„Guten Tag, Vater Abraham!“

„Guten Tag, Vater Isaak!“

„Guten Tag, Vater Jakob!“

„Sie irren sich, meine Herren“, erwiderte Mendelssohn ungerührt, „ich bin weder Abraham noch Isaak noch Jakob. Ich bin vielmehr Saul, der aufgebrochen ist, um die Esel seines Vaters zu suchen, und ich bin sicher, dass ich sie jetzt gefunden habe.“

Mehrfacher Nutzen

Über einigen Haken an der Garderobe des Theologischen Seminars wurde ein Schild angebracht: „Nur für Dozenten.“

Kurze Zeit später hängt ein Zettel darunter: „Man kann aber auch seinen Mantel daran hängen.“

Unbekannte Päpste

Seine Vorlesung über die Namenswahl der Päpste eröffnet der Professor für Kirchengeschichte mit folgendem Versprecher: „Bis heute gab es insgesamt zwölf Päpste mit den Namen Pipst Paus.“

Moment mal

Das Läuten der Glocke unterbricht den Vortrag des Theologieprofessors, und dieser muss missmutig mit ansehen, wie sich seine Studenten geräuschvoll zum Aufbruch rüsten.

„Einen Augenblick, meine Herren“, mahnt er, „ich habe noch einige Perlen zu werfen!“

Anerkennung

Der würdige alte Kirchendiener einer mitteldeutschen Universitätsstadt hatte eine dreistufige Wertskala für die Probepredigten eingeführt, die er sich anhören musste.

Seine beste Wertung war: „Sie werden eine Posaune des Herrn werden.“

Der zweite, vermutlich besonders häufige Grad der Anerkennung lautete: „Sie haben mich erbaut.“

Aber auch bei einer noch so schlechten Predigt wusste er ein tröstliches Wort: „Sie haben die Lieder gut gewählt.“

Trotzdem

„Sie stammen aus einer gut katholischen Familie?“, fragt der Bischof einen Seminaristen.

„Ja. Trotzdem bin ich ins Seminar eingetreten.“

„Und wie lange studieren Sie schon Theologie?“, fragt der Bischof irritiert.

„Zehn Semester. Und trotzdem will ich mich weihen lassen.“

Farb-Code

Die Bonner Studenten unterschieden die Fakultätsfarben sehr genau:
Die Philosophen trugen blau, weil sie das Blaue vom Himmel schwindeln, die Juristen rot, um damit auf das unschuldig vergossene Blut hinzuweisen, und die Theologen schwarz, weil die Unschuld weiß ist.

Die Einheit der Kirche

Der Theologe schwärmt vor seinen Studenten: „Die Einheit der Christen schreitet voran. Die Evangelischen und die Katholischen feiern immer mehr Gottesdienst zusammen und verschmelzen langsam."
Ein Student fragt dazwischen: „Wann werden sich die Kirchen denn zu einer vereinigen?"
„Wieso eine Kirche?", gibt der Theologe zurück, „es wird drei geben: die evangelische, die katholische und die vereinigte Kirche."

Vorwitzig

In einer theologischen Vorlesung widerlegt ein Professor verschiedene ketzerische Ansichten und schließt emphatisch: „Der Gott, den ich anbete, ist ein einziger Gott, jedoch in drei Personen ..."
Da hört man aus dem Hintergrunde des Saales die Stimme eines übermütigen Seminaristen: „Aber so was! Meiner auch! Das muss derselbe sein ..."

Haarig

Zu der Zeit, als die Schnurrbärte bei den jungen Männern als Zeichen der Männlichkeit Mode wurden, machte ein Tübinger Theologiestudent einem Professor zu Beginn des Semesters die übliche Aufwartung.
Im Vorzimmer warteten schon viele, um vorgestellt zu werden. Der Professor rief einen nach dem anderen hinein, nur er kam nicht an die Reihe.
Schließlich wurde er doch noch vorgelassen. Nach der Begrüßung kam der Professor gleich zum Punkt: „Wie kann ein angehender Theologe einen Bart tragen?"
Der junge Mann rieb sich verwundert unter der Nase. „Wahrhaftig! Der muss mir gewachsen sein, als ich in Ihrem Vorzimmer warten musste."

(Leid-)geprüfte Prüflinge

Aberglaube

Ausgerechnet 13 Prüflinge stellen sich dem Theologieexamen. Der Vorsitzende der Prüfungskommission macht die Anwesenden darauf aufmerksam und fügt hinzu: „Hoffentlich sieht keiner von Ihnen ein ungünstiges Vorzeichen darin. Das ist nämlich ein törichter Aberglaube."
Darauf einer der Prüflinge unter schmunzelnder Zustimmung seiner Kommilitonen: „Für den Beweis wären wir Ihnen sehr dankbar."

Vernichtendes Urteil

Eine theologische Doktorarbeit liegt zur Bewertung vor. Der Gutachter schreibt dazu:

„Das wenige Zusammenhängende dieses Werkes haben wir dem Buchbinder zu verdanken!“

Hoffnungsloser Fall

Ein Theologiestudent legt seine Prüfung ab. Er ist sehr aufgeregt, und er fürchtet, dass er mit seinem mageren Wissen nicht durch die Prüfung kommt. Die Professoren fragen und fragen, aber die richtigen Antworten wollen nicht kommen.

Endlich will ihm ein Professor eine Schlussfrage stellen, die er aber bestimmt beantworten müsste:

„Nennen Sie uns eines der Gleichnisse Jesu!“ - keine Antwort.

Der Professor helfend: „Ein Stichwort gebe ich Ihnen: Jungfrauen.“

Da erhellt sich das Gesicht des Prüflings: „Ja! Danke! Genau! Das Gleichnis von den sieben mageren und sieben fetten Jungfrauen ...“

Geschichtsbanause

Der Prüfling macht sein Examen in Kirchengeschichte.

„Sagen Sie uns was zum Datum 1517!“ - keine Antwort.

„Sagen Sie uns was zum Datum 1055!“ - keine Antwort.

„Martin Luther!“ - der Kandidat steht auf und geht zur Tür.

Prüfer: „Wieso gehen Sie jetzt weg?"
„Ich dachte, Sie hätten den nächsten Kandidaten aufgerufen ..."

Zwei Möglichkeiten

Ein Theologiestudent antwortet auf Fragen seines Professors immer: „Ja, wissen Sie, da gibt es zwei Möglichkeiten ..."
Im Examen möchte der Professor ihm endlich eine Frage stellen, auf die er nicht „seine" Antwort geben kann. Er fragt: „Herr Student, Sie werden zu einer Nottaufe gerufen, haben aber nur eine Suppe zur Verfügung. Können Sie damit taufen?"
Darauf der Prüfling: „Ach, wissen Sie, da gibt es zwei Möglichkeiten: Wenn es eine Suppe ist wie in der Mensa, dann kann ich damit taufen. Wenn es aber eine Suppe ist wie bei Herrn Professor zu Hause, dann kann ich damit nur die letzte Ölung machen."

Guter Rat

„Herr Kandidat", fragt der Examinator den Prüfling im Theologieexamen, „sagen Sie mir: werden alle Gebete erhört?"
Der Unglückliche, der schon gefährlich auf der Kippe steht, überlegt, dass es immer besser sei, Gott zu viel statt zu wenig zuzutrauen, und antwortet beherzt: „Ja."
„Na, dann bitten Sie jetzt einmal Gott recht dringend, dass Sie dieses Examen bestehen mögen."

Etwas fehlt

Dem Kandidaten im Theologie-Examen werden die schwierigsten Fragen vorgesetzt - und er weiß alles. Als er den Raum verlassen hat, notierte der Prüfungsvorsitzende jedoch eine 5.

Der Bischof, der als Beisitzer anwesend ist, sagt verwundert: „Aber das können Sie doch nicht machen! Der Kandidat hat doch alles gewusst!"

„Gewusst ja", entgegnet der Vorsitzende, „aber er glaubt es nicht!"

Vernünftige Antwort

Ein Prüfling wird gefragt, wer das Sakrament der Firmung gültig spenden kann. Seine Antwort lautet: „Jeder Bischof, der zum Gebrauch der Vernunft gekommen ist."

Die Herren Gelehrten

Sprachbegabt

Bei der Beerdigung des toten Lateinprofessors Kunkel meinte ein Kollege: „Kunkel war ein toller Altphilologe. Er beherrschte sieben tote Sprachen!"

„Die wird er ja jetzt brauchen können!"

Erkenntnis

Ein berühmter Historiker begegnet auf einer Tagung einem bedeutenden Theologen. Sie kommen ins Gespräch, und der Historiker meint nach einer Weile in vornehmer Herablassung: „Darf ich Ihnen etwas erzählen, Herr Kollege? Ich habe neulich in der Bibel gelesen und war beeindruckt. Ich muss sagen: Es stehen doch recht beachtliche Wahrheiten darin."
„O, Herr Kollege", erwidert der Theologe fröhlich, „wie wird sich der liebe Gott über diese Feststellung gefreut haben!"

Engpass

Der Theologe Friedrich Schleiermacher (1768-1834) liebte es, früh einen Ausritt durch den Berliner Tiergarten zu unternehmen. Zwei Beamte, die ihm eines Morgens entgegenkamen, spotteten: „Sieh da, ein Gottesmann hoch zu Ross, wogegen Jesus nur auf einem Esel in Jerusalem eingezogen ist."
Schleiermacher gab darauf zurück: „Solche Bescheidenheit ist heute unmöglich, weil alle Esel im Staatsdienst beschäftigt sind."

Erschütterter Glaube

Ein Dogmatikprofessor macht regelmäßig bei seinem Freund, einem Dorfpfarrer, Urlaub. In den Sonntagsmessen, die er dann übernimmt, hält er jedes Mal lange, tiefschürfende Predigten.

Einmal versucht er mit vielen gelehrten Argumenten den Dorfleuten zu beweisen, dass Jesus Christus im Tabernakel ganz gewiss gegenwärtig ist. Als der Pfarrer nach dieser Messe vor der Kirchtüre steht, hört er, wie ein Bauer zum anderen sagt: „I hab imma glaubt, dass der Heiland im Tabernakel ist. Aber wann sich a Professor so plagn muass, um des zu beweisen – nachher glaub i's nimmer."

Der Pfarrer beschließt, den Schaden zu beheben, den die Predigt seines Freundes offensichtlich angerichtet hat. Am nächsten Sonntag geht er selbst auf die Kanzel und stellt das seelische Gleichgewicht seiner Gemeinde wieder her.

Kurz und bündig stellt er fest: „Meine Lieben, es gibt nur zwei Möglichkeiten. Entweder ist der Heiland im Tabernakel, oder er ist nicht drin. Also ist er drin! Amen."

Karsten Lachmann

Mit freundlichen Grüßen

Bei einem seiner ersten Kanzelauftritte kam der Theologe und Aufklärer Karl Friedrich Bahrdt (1740-1792) in Verlegenheit, weil ihm die Predigt nicht mehr einfallen wollte. So sagte er zuerst: „Der Herr sei mit euch! Jesus Christus lässt euch grüßen!“, und hoffte, dass ihm die Worte wieder einfallen würden. Aber es geschah nicht.
So sagte er noch einmal: „Jesus Christus lässt euch grüßen!“, diesmal etwas leiser. Er blickte voller Angst auf die Gemeinde hernieder, um noch eine Eingebung zu empfangen, aber vergeblich.
So sagte er, weil ihm nichts Besseres einfiel, noch einmal mit dumpfer Stimme: „Jesus Christus lässt euch grüßen!“
Da stand der Kirchenvorsteher auf und sagte mit frommer Inbrunst: „Herr Pfarrer, die Gemeinde dankt. Grüßen Sie zurück!“

Der größte Theologe

Der große Theologe Karl Barth (1886-1968) hat einmal gesagt: „Wenn einmal herauskommen wird, wer der größte Theologe des Jahrhunderts gewesen ist, dann wird vielleicht irgendein kleines Männlein oder Weiblein, das in aller Stille irgendwo Bibelstunden gehalten hat, im Lichte stehen und wird tatsächlich der größte Theologe dieses Jahrhunderts gewesen sein.“

„Kirchengesetz zur Aufhebung des Kirchengesetzes zur Anwendung des Kirchengesetzes der Evangelischen Kirche in Deutschland über den Datenschutz vom 5. März 1978."

Amtsblatt der Evangelischen Kirche in Hessen und Nassau vom 1. März 1997

Wissen ist Macht

Von dem Theologen Karl Barth (1886-1968) wird folgender Witz erzählt:
Als der große Theologe gestorben war, kam er zu Petrus. Dieser erkannte ihn und freute sich, stellte ein paar Fragen. Doch Professor Barth griff diese Fragen auf, stellte Gegenfragen und verwickelte Petrus in einen Disput. Diesem wurde es zu viel und er rief den Erzengel Gabriel. Auch dieser wurde von Barth in Verlegenheit gebracht, und deshalb schickte er Barth zum Heiligen Geist.
Petrus und Gabriel hörten die lange und immer lauter werdende Diskussion. Plötzlich erschien der Heilige Geist schwankend und blass.
„Karl Barth ist doch nicht etwa durch die Prüfung gefallen?"
„Er nicht", antwortete der Heilige Geist, „aber ich!"

Viel Lärm um Licht

Der evangelische Theologe Wolfgang Trillhaas (1903 bis 1995) weilte bei seinem Kollegen Professor Rudolf K. Bultmann (1884-1976) in Marburg. Trillhaas wollte noch ausgehen, Bultmann brauchte aber Ruhe und gab seinem Kollegen den Schlüssel.
Später kehrte Trillhaas angeheitert in das Haus zurück, schloss auf und wollte Licht machen. Dabei erwischte er aber versehentlich den Klingelknopf.
Bultmann steckte den Kopf zur Türe hinaus und meinte: „Ja, so sind wir Theologen, wir wollen Licht machen und verursachen nur Lärm."

Weisheiten der Klöster – zu Besuch bei Nonnen und Mönchen

Schnelle Genesung

Unter den frommen Brüdern ist ein Mönch schwer erkrankt. Der herbeigerufene Arzt untersucht ihn und meint dann zum Abt: „Es ist Gott sei Dank nichts Ernstes. In einer Woche haben wir ihn wieder auf den Knien."

Schon vergessen

Zwei Mönche waren von ihrem Kloster zu einem anderen unterwegs. Als sie an einen reißenden Bach kamen, bemerkten sie eine junge Frau, die große Angst hatte, das Wasser zu überqueren. Beherzt nahm sie der Ältere auf seine starken Arme und trug sie durch den Bach.
Der Jüngere sagte kein Wort.
Erst als sie im Kloster angekommen waren, meinte er: „Bruder, unsere heilige Regel verbietet uns, Frauen auch nur anzuschauen. Du aber hast diese schöne, junge Frau auf deinen Armen durch das Wasser getragen."
Der ältere Mönch sah seinen Mitbruder lange und ernst an, bevor er sagte: „Ich habe die Frau am Ufer längst abgesetzt. Doch du trägst sie noch immer in deinem Herzen."

Heureka

Zwei Mönche studieren unablässig in der großen Bibliothek ihres Klosters. Die Generationen vor ihnen hatten alle geistigen und geistlichen Schätze der Welt hier zusammengetragen. So lasen sie in den Büchern vom frühen Morgen bis zum Abend, da der Bruder die Öllampe bringen musste.
Längst waren ihnen über dem Studieren die Augen müde und die Herzen alt geworden.
„Mein Gott!“, seufzte der eine.
Der andere fragte überrascht: „Hast du ihn endlich gefunden?“

Traumjob

„Sie bekommen bei uns kein Gehalt, Sie können nicht befördert werden, und Sie dürfen nicht heiraten. Der Job ist absolut krisensicher. Entlassungen gibt es keine.“
Bruder Frans van Pinxteren sagte der Zeitung Algemeen Dagblad:
„Es ist ein toller Beruf, wenn ich das so sagen darf. Durch den Auftrag, den wir gewählt haben, führen wir ein reiches und glückliches Leben.“

Unzufrieden

Hans wird im „Kloster der Stille“ aufgenommen, und der Abt erklärt ihm: „Du heißt nun Bruder Johannes, und in diesem Kloster herrscht ein Schweigegelübde, du bist willkommen, solange du magst, aber du darfst ein Jahr kein Wort sprechen.“

Bruder Johannes lebt in dem Kloster ein ganzes Jahr lang. Dann ruft ihn der Abt zu sich und sagt: „Bruder Johannes, du bist nun ein Jahr hier, und nun darfst du zwei Worte sprechen.“

Bruder Johannes sagt: „Hartes Bett.“

„Es tut mir leid, das zu hören“, entgegnet der Abt. „Wir werden dir ein besseres Bett besorgen. Nun schweige wieder ein Jahr.“

Im nächsten Jahr wird Bruder Johannes zum Abt gerufen: „Bruder Johannes, du darfst nun zwei weitere Worte sprechen.“

Bruder Johannes sagt: „Kaltes Essen.“

Der Abt versichert ihm, dass man das Essen in der Zukunft verbessern wolle.

Am dritten Jahrestag im Kloster ruft der Abt Bruder Johannes wieder in sein Zimmer: „Zwei Worte darfst du heute sagen.“

„Ich geh“, entgegnet Bruder Johannes.

„Das ist wohl das Beste“, sagt daraufhin der Abt, „seit du hier bist, hast du nur gemeckert.“

Training

Zwei Mönche kamen in ein Kloster und genossen die Gastfreundschaft, die ihnen dort gerne gewährt wurde. Sie wunderten sich aber darüber, dass es jeden Tag ein Glas Wein zum Essen gab, und befragten deswegen den Gastpater.

Der antwortete: „Es könnte ja ein Gast kommen, dem wir Wein anbieten müssten, und dafür müssen wir doch üben."

Klostersitte

In einem Kloster soll es – wenigstens früher – verboten gewesen sein, dass einer bei Tisch für sich selber etwas Fehlendes reklamierte; das war das Amt seines Nachbarn, und so passte jeder auf den andern auf.

Da sah einmal ein Pater zu seinem Entsetzen eine tote Maus in seiner Suppe schwimmen. Was tun? Sich beschweren durfte er nicht, und sein Nachbar bemerkte es nicht. Und so winkte er den Bruder, der Tischdienst hatte, herbei und flüsterte ihm zu: „Mein Nachbar hat noch keine Maus in der Suppe!"

Überschuss

Im Kloster wird gebaut. In der Küche bleibt jede Menge Suppe übrig. Die Oberin schickt die Küchenschwester mit der Suppe zur Baustelle, um sie an die Arbeiter zu verteilen.

Die Schwester überlegt sich: „Bevor ich den Arbeitern

die Suppe gebe, möchte ich doch wissen, wie es um ihren Glauben steht."
Als Ersten trifft sie den Polier. Sie fragt ihn: „Kennen Sie Pontius Pilatus?"
Der Polier schreit nach oben: „Kennt einer den Pontius Pilatus?"
„Warum?", tönt es zurück.
„Seine Alte ist da und bringt ihm das Essen!"

Erleuchtung
Vier Mönche beten gemeinsam. Plötzlich geht das Licht aus.
Der Dominikaner meditiert über die Bedeutung des Lichts.
Der Augustiner dagegen denkt über das Wesen der Dunkelheit nach.
Der Franziskaner schläft ein.
Plötzlich geht das Licht wieder an.
Der Jesuit war heimlich nach draußen gegangen und hat die Sicherung wieder reingedrückt!

Judas Iskariot
Ein Kapuziner und ein Jesuit fahren zusammen im selben Zugabteil. Der Jesuit sagt mit Blick auf den roten Bart des Mönchs: „Man sagt, Judas Iskariot habe einen roten Bart gehabt."
Antwortet der Kapuziner: „Das weiß ich nicht, aber eins steht jedenfalls fest, er war in der Gesellschaft Jesu!"

Besuch im Stall

Auf wunderbare Art und Weise werden ein Franziskaner, ein Dominikaner und ein Jesuit in die Zeit von Jesu Geburt versetzt.

Die drei kommen in Betlehem am Stall an, der Franziskaner betritt den Stall, sieht das Kind in der Krippe und fällt voll Ehrfurcht auf die Knie. Er beginnt ein langes Lobgebet und preist Gott für die Menschwerdung seines Sohnes.

Der Dominikaner kommt ebenfalls herein, sieht das Neugeborene, geht ebenfalls voller Ehrfurcht in die Knie und singt Lobeshymnen auf Gott.

Der Jesuit kommt als Letzter in den Stall, blickt sich um, sieht die Mutter Gottes, das Jesuskind und den heiligen Josef, geht auf diesen zu, schüttelt ihm die Hand und begrüßt ihn mit den Worten: „Wenn du ihn auf unsere Schule gibst, machen wir schon was Ordentliches aus ihm!“

Ansichten

Ein Jesuit von der „Gesellschaft Jesu“ und ein Dominikaner disputieren über Christi Geburt.

„Ist Jesus Ihrer Meinung nach mit offenen oder geschlossenen Augen geboren worden?“ fragt der Jesuit. „Nun“, meint der Dominikaner, „ich glaube, er ist mit offenen Augen geboren worden. Nur, als er den Ochsen und Esel sah, muss er gedacht haben: Wenn das die Gesellschaft Jesu ist, ist es besser, die Augen zuzumachen ...“

Rettender Einfall

Ein Franziskaner, ein Benediktiner und ein Jesuit warten schon eine Weile vor der Himmelspforte, doch Petrus hat sie offensichtlich noch nicht bemerkt, denn die Tür bleibt zu.

Als ein eben verstorbener Kardinal eintrifft, ist Petrus jedoch sofort auf den Beinen, öffnet die Pforte und bittet seine Eminenz hinein.

Schon will er hinter ihm die Pforte wieder schließen, da klemmt sich der Jesuit den Franziskaner und den Benediktiner unter die Arme, schiebt sich schnell noch durch die Pforte und sagt zum verdutzten Petrus: „Das Gepäck seiner Eminenz!"

Ei, ei, ei

Drei reisende, ausgehungerte Geistliche finden an ihrem Zielort an Essbarem nur ein Ei, ein einziges Ei. Sie beschließen zu losen, es soll dem zufallen, der den schönsten Satz über dieses Ei im Evangelium findet. Der Erste, der Franziskaner, schlägt dem Ei mit der Gabel die Spitze ab und murmelt: „Öffne dich!" (Markus 7,34)

Der Zweite, ein Dominikaner, bestreut das Ei vorsichtig mit Salz und erklärt: „Salz ist eine gute Sache!" (Markus 9,50)

Der Dritte, ein Jesuit, erklärt mit halb geschlossenen Augen: „Sehr gut, guter und getreuer Diener, tritt ein in die Freude deines Herrn" (Matthäus 25,23), nimmt das Ei und verspeist es.

Ordensrivalitäten

Es ist ja bekannt, dass die Angehörigen der verschiedenen christlichen Orden hinter ihrem Namen ein Ordenskürzel haben. So haben beispielsweise die Benediktiner ein OSB hinter ihrem Namen, die Dominikaner ein OP, die Franziskaner ein OFM und die Jesuiten ein SJ.
Vier Mitglieder aus diesen vier Orden streiten sich nun darüber, welcher Orden denn Gott der wohlgefälligste sei. Nach langen, ergebnislosen Diskussionen kommen sie schließlich auf eine Idee: Sie wollen ihre Frage Gott selbst stellen. Dazu schreiben sie diese auf einen Zettel und legen ihn über Nacht in den Tabernakel. Am nächsten Morgen holen sie voller Erwartung den Zettel aus dem Tabernakel –und tatsächlich – Gott hat ihnen geantwortet:
„Meine lieben Kinder, wie könnte mir einer eurer Orden mehr wert sein? Ihr wisst doch, dass ich euch alle gleich gern habe! gezeichnet Gott SJ“

Wer andern eine Grube gräbt …

Ein Jesuit beichtet bei einem Dominikaner. Der gibt ihm als Bußgebet auf, einen Rosenkranz zu beten und nach jedem Gesätz die Allerheiligenlitanei.
Der Dominikaner hat jedoch Pech: Bei seiner nächsten Beichte gerät er an eben jenen Jesuiten. Der erkennt ihn und gibt ihm am Ende folgende Buße auf: „Lieber Mitbruder, beten Sie zur Buße die Allerheiligenlitanei und nach jeder Anrufung einen Rosenkranz.“

Karsten Lackmann

Stegreif-Predigt

Ein Dominikaner behauptet gegenüber einem Jesuiten, über jedes beliebige Thema aus dem Stand eine Predigt halten zu können.
„Gut“, meint der Jesuit, „das wollen wir doch mal sehen.“
Sie kommen überein, dass der Dominikaner am nächsten Tag vor dem gesamten Jesuiten-Kolleg eine Predigt halten soll, deren Thema er erst auf der Kanzel in einem Briefumschlag finden wird.
Am folgenden Tag steigt der Dominikaner nun auf die Kanzel, öffnet den Umschlag und liest das Thema der Predigt: Die Gedanken des Jesuskindes in der Krippe.
Er beginnt: „Das Jesuskind lag also in der Krippe und sah sich um. Und es sah Maria und Josef, und es sah auch einen Ochsen und einen Esel. Da dachte es sich: das ist also die Gesellschaft Jesu ...“

Die klügere Frage

Ein Jesuit sitzt im Park, liest in seinem Brevier und raucht dabei. Ein Franziskaner wandelt betend vorbei und staunt über den Jesuiten. Sie diskutieren darüber, ob man beim Beten rauchen darf. Sie beschließen, ihre Oberen zu fragen. Später treffen sie sich wieder.
Der Jesuit sitzt wieder auf der Bank, betet und raucht dabei. Der Franziskaner: „Mein Oberer hat gesagt, dass Beten eine heilige Handlung ist und man dabei nicht rauchen sollte.“
Der Jesuit erwidert: „Und ich habe meinen Oberen gefragt, ob man beim Rauchen beten darf.“

Unsere Brüder im Glauben – andere Konfessionen, andere Sitten

Missglückter Beistand
Ein Rabbiner wird vor einer Kirche von einem Auto überfahren. Der katholische Geistliche kommt rausgerannt, beugt sich über den Rabbiner und sagt: „Sag, glaubst du an Gott, Jesus und den Heiligen Geist?"
Röchelt der Rabbiner: „Ich sterbe, und er gibt mir Rätsel auf."

Menschliches Leben
Ein katholischer Priester, ein evangelischer Pfarrer und ein Rabbiner unterhalten sich über den Beginn menschlichen Lebens. Für den Priester ist klar: „Menschliches Leben beginnt mit der Zeugung!"
Der evangelische Pfarrer wirft ein: „Das ist sicher richtig – doch unter Umständen müssen hier auch die Situation der Mutter oder weitere Fragestellungen berücksichtigt werden."
Da sagt der Rabbi: „Nu, mag alles sein. Aber ich kann Euch sagen - a menschliches Leben fängt an, wenn sind de Kinderchen aus dem Haus ..."

Man muss sich nur zu helfen wissen

Zwei bayerische Brüder unterhalten sich: „Ich habe eine Frau kennen gelernt, wir möchten heiraten, allerdings ist sie evangelisch."

Der Bruder ist empört: „Das tust du nicht, da wird sich unser Vater im Grab herumdrehen."

„Dann such dir halt auch eine Evangelische, dann liegt der Papa wieder richtig rum."

„Ökonomischer Gottesdienst"

Der Vorstand des TSV des kleinen Dörfchens Hintertüpfelbach trägt dem katholischen Pfarrer und dem evangelischen Pastor seine Bitte vor: „Wir haben gedacht, weil wir bald unser 50-jähriges Bestehen feiern, dass Sie beide zusammen uns einen Gottesdienst halten. Immerhin sind wir der größte Verein im Ort und einer der ältesten. Da passt ein Gottesdienst ganz gut."

„Wo soll denn der Gottesdienst stattfinden?", fragen die Geistlichen.

„Wir haben gedacht: in der evangelischen Kirche. Denn vor 50 Jahren haben wir angefangen, evangelisch zu turnen, jetzt turnen wir ja überkonfessionell."

Die Geistlichen sind einverstanden und voller Stolz macht der TSV das Vorhaben zu seinem „50." bekannt. Auf den eigens gedruckten Plakaten steht in großer Balkenüberschrift „Ökonomischer Gottesdienst".

Die beiden Geistlichen forschen nach, wie diese Verwechslung von „ökumenisch" und „ökonomisch" zustande gekommen ist. Sie erfahren: Als in der Druckerei die

Plakate bereits gedruckt waren und man den Fehler bemerkte, soll der Betriebsleiter gefragt haben: „Für wen sind denn die Plakate?"
„Für die Gemeinde Hintertüpfelbach auf dem Land."
„Wo liegt denn das?"
„Ganz weit draußen."
„Die merken das sowieso nicht. Da können wir uns den Neudruck sparen."

Kleiner Trick

Ein Rabbi, ein evangelischer und ein katholischer Pfarrer stehen am Ufer des Sees Gennesaret.

Sagt der Rabbi: „Mal sehn, ob ich wie Jesus auf dem Wasser gehen kann.“ Er geht los, und siehe da, er geht auf dem Wasser.

Nachdem er wieder am Ufer ist, sagt der evangelische Pfarrer: „Das kann ich auch“, und geht auf dem Wasser.

Da denkt der katholische Pfarrer: „Wenn das die beiden können, kann ich das auch!“

Er geht los – und versinkt. Sagt der evangelische Pfarrer zum Rabbi: „Wir hätten ihm doch sagen sollen, wo die Steine liegen!“

Diener des Herrn

Ein evangelischer und ein katholischer Pfarrer streiten sich in Glaubensdingen. Schließlich sagt der katholische Pfarrer:

„Hören wir doch auf zu streiten, schließlich dienen wir doch beide demselben Herrn, Sie auf die Ihre Weise und ich auf die Seine.“

Jedem das Seine

Ein katholischer und ein evangelischer Pfarrer sowie ein Rabbi unterhalten sich darüber, wie sie mit der Kollekte verfahren.

Der katholische Pfarrer sagt: „Ich male einen großen Kreis auf den Boden und werfe das Geld in die Höhe.

Was in den Kreis fällt, ist für die Gemeinde. Was außerhalb fällt, nehme ich."
Darauf der evangelische Pastor: „Ich mache es genau umgekehrt."
Der Rabbiner sagt: „Ich mache es ein wenig anders. Ich werfe das Geld in die Höhe, und was oben bleibt, das ist für Gott."

Alte Reliquie

Ein evangelischer und ein katholischer Pfarrer besuchen gemeinsam in Trier den Dom.
„Der Heilige Rock ist nicht echt", lästert der evangelische Pfarrer, „da sieht man ja noch das Etikett von Neckermann."
„Und er ist doch echt, lieber Bruder in Christo", gibt der katholische verschmitzt zurück: „Die Einladungskarten zur Hochzeit zu Kana sind in der Tasche gefunden worden."

Vorschriften

Ein katholischer Priester und ein jüdischer Rabbi essen gemeinsam zu Mittag. Als der katholische Pfarrer sich ein kräftiges Stück Fleisch abschneidet, fragt er den Rabbi: „Wann sind Sie endlich so tolerant und probieren von diesem feinen Schweinesteak?"
Da antwortet der Rabbi:
„Auf Ihrer Hochzeit, Hochwürden ..."

Verbotenes Glücksspiel

Eine anonyme Anzeige beschuldigte den katholischen Priester, den protestantischen Pastor und den Rabbiner, dass sie um Geld Karten spielten.
Beim Protokoll leugnete der Priester alles und berief sich auf alle Heiligen als Zeugen.
Der Pastor schwor beim Erlöser, dass er nicht Karten spielen könne.
Schließlich kam der Rabbiner an die Reihe.
Kommissar: „Also, haben Sie Karten gespielt?"
Der Rebbe zuckt mit den Schultern:
„Allein konnte ich Karten spielen?"

Karambolage

An einer belebten Straßenkreuzung stößt das Auto des katholischen Pfarrers mit dem des evangelischen Pastors zusammen.
Der Pfarrer steigt aus und meint: „Lieber Amtsbruder, es ist nur Sachschaden. Wir wollen dankbar sein, dass nichts Schlimmeres passiert ist. Ich habe da noch eine Flasche Messwein in meinem Wagen, damit sollten wir uns erst mal beruhigen."
Gesagt, getan, der evangelische Pastor setzt an und nimmt einen kräftigen Schluck. Dann reicht er die Flasche seinem Kollegen. Doch der meint nur: „Danke, ich trinke erst, wenn die Polizei da war ..."

Geschäftsunkosten

Unterhalten sich ein Protestant und ein katholischer Pfarrer: „Müssen denn die Kirchen so reich sein und sich immer um Steuern und Spenden kümmern? Sollte nicht die Kirche hinter dem Seelenheil her sein und nicht hinter dem schnöden Mammon? Gott hat uns doch die Gute Nachricht geschenkt und nicht verkauft."

Da nickt der Pfarrer verständnisvoll: „Sie haben schon Recht, mein Lieber, aber der Zwischenhandel will halt auch von irgendwas leben."

Träume

Ein Jude, ein Christ und ein Moslem waren gemeinsam auf der Reise. Im Quartier fanden sie nur ein kleines Brot, das frühmorgens nicht für alle reichen würde. Sie vereinbarten, dass es der bekommen sollte, der am Morgen den schönsten Traum erzählen konnte.

Der Jude berichtet: „Im Traum entführte mich Mose in den dritten Himmel."

Der Christ berichtete: „Gott selber ließ mich Platz nehmen an seiner rechten Seite!"

Der Moslem, der in der Nacht vor Hunger schon das Brot aufgegessen hatte, sagte: „Mohammed sagte mir im Traum: ‚Der Jude ist bereits im dritten Himmel, der Christ sitzt zur Rechten Gottes. Mein armes Kind, iss wenigstens das Brot.'"

Neid

Ein katholischer Priester, ein evangelischer Pastor und ein jüdischer Rabbi wohnen nebeneinander in einer Straße. Eines Tages hat der katholische ein funkelnagelneues Auto vor der Tür stehen.

„Donnerwetter", sagt sich der evangelische, „das kann ich auch", und hat am nächsten Tag auch einen neuen Wagen vor der Tür.

Der Rabbi sieht's und hat ebenfalls Tags drauf ein neues Auto.

Am nächsten Wochenende sieht der evangelische Pastor, wie der katholische mit einem Eimer Wasser zu seinem Auto geht und ihn drübergießt.

„Klar", denkt er sich, „das muss sein."

Also geht auch er mit einem Eimer Wasser zu seinem Auto und gießt ihn darüber.

Nachdem der Rabbi das alles gesehen hat, denkt er kurz nach, holt eine Eisensäge, geht zu seinem Auto und sägt ein Stück vom Auspuff ab ...

Es war einmal – aus 2000 Jahren Christentum

Erhörtes Gebet

Cornelius steht in der Arena in Rom einer Gruppe von Löwen gegenüber. Er fällt auf die Knie und bittet Gott: „Herr, schütze mich. Mach aus diesen Löwen Christen!“ Da kauern auch die Löwen nieder und beginnen zu beten. Cornelius ist glücklich, doch dann hört er die Worte des Gebetes:
„Komm, Herr Jesus, sei unser Gast ...“

Bademeister

Aus einem Schulaufsatz über die ersten Christen: „Kaiser Diokletian begann eine Säuberung der Christen in seinem Heer.“

Königliche Verteidigung

Als der fränkische König Chlodwig I. (466–511) beschloss, zum christlichen Glauben überzutreten, bereitet ihn Bischof Remigius auf die Taufe vor. Dabei erzählte ihm der Bischof auch vom Leiden und dem Kreuzestod Jesu.

Heißblütig fiel ihm der König ins Wort: „Mit mir und meinen Kriegern an seiner Seite wäre ihm kein Haar gekrümmt worden!“

Inflation

Nachdem der Frankenkönig Chlodwig (466–511) über die Westgoten gesiegt hatte, ging er zum Grab des heiligen Martin und dankte für seinen Triumph. Dabei brachte er sein Lieblingspferd als Geschenk dar.

Am nächsten Tag reute es ihn, und er versuchte, sein Pferd zurückzubekommen. Er bot den Mönchen, die das Grab betreuten, 50 Silbermark an. Die Mönche gaben ihm aber Bescheid, dass der heilige Martin nicht erlaube, das Pferd zurückzugeben. Da erhöhte Chlodwig die Summe auf 75 und bekam das Pferd zurück.

Der König, der erst vor kurzem getauft worden war, wunderte sich: „Der heilige Martin dient seinen Freunden gut, aber er lässt sich den Dienst auch teuer bezahlen.“

Zerstreuungen

Der hl. Bernhard von Clairvaux (um 1090–1153) wurde einmal auf einer seiner vielen Reisen von einem Kaufmann gebeten, ihn ein Stück des Weges begleiten zu dürfen. Sie kamen ins Gespräch, und dabei wollte der Kaufmann von dem Ordensmann wissen, was man beim Beten beachten müsse.

Da erklärte der hl. Bernhard unter anderem, wie man sich den Zerstreuungen gegenüber verhalten solle:

„Auch ich muss mich mühen, zur Sammlung zu finden. So viele Dinge beschäftigen mich, dass ich selbst beim Beten nicht davon loskomme. Aber wenn ich merke, dass meine Gedanken abschweifen, ärgere ich mich nicht, sondern beziehe sie in mein Gebet ein."
Der Kaufmann verwunderte sich, dass sogar ein solcher Beter wie der hl. Bernhard nicht vor Zerstreuungen bewahrt sei, und meinte: „Wenn ich bete, bin ich immer ganz bei der Sache."
„Nun", versetzte der Mönch, „das können wir ja überprüfen. Sieh dieses Pferd, das ich jetzt reite. Es gehört dir, wenn es dir gelingt, ein Vaterunser ohne jeden störenden Gedanken zu beten."
Das erschien dem Kaufmann eine leichte Aufgabe (und ein sicheres Geschäft) zu sein. Er begann sofort: „Vater unser im Himmel, geheiligt werde dein Name ...", unterbrach sich plötzlich und fragte: „Gehört der Sattel auch dazu?"

Andere Zeiten
Der italienische Theologe, Philosoph und Kirchenvater Thomas von Aquin (1225/1226–1274) trat einmal in die Gemächer des Papstes und sah dort eine größere Menge Goldstücke auf dem Tisch liegen.
„Du siehst", sagte der Papst, „dass die Kirche nicht mehr in dem Zeitalter lebt, wo sie sagte: „,Ich habe weder Gold noch Silber.'"
„Das ist wohl wahr, Eure Heiligkeit", entgegnete da Thomas, „aber ebenso wenig kann sie mehr zu dem Lahmen sagen: ,Steh auf und geh umher!'"

Das Konklave

Die Einwohner von Viterbo beanspruchen für sich, das Konklave erfunden zu haben. Vom Dezember 1268 bis September 1271 dauerte die längste Papstwahl der Kirchengeschichte.
Nur 17 Kardinäle bildeten das Kollegium: elf Italiener, fünf Franzosen und ein Ungar. Die Wahl gestaltete sich als schwierig, weil durch die Einmischung des Königs Karl von Anjou eine Zweidrittelmehrheit nicht zustande kam.
Um die Wahl zu beschleunigen, sperrten die Einwohner Viterbos die Kardinäle „cum clave" (latein. = mit dem Schlüssel) in den päpstlichen Palast ein. Nach weiteren langen Monaten ließ der Bürgermeister das Dach abdecken, und die Beköstigung wurde auf Wasser und Brot beschränkt.
Schließlich einigten sich die Kardinäle auf Tedaldo Visconti, der den Namen Gregor X. annahm.

Heute Ruhetag

Im Jahre 1533 mussten die Franziskaner auf Grund der Reformation ihr Kloster in Weimar verlassen. Zuvor zogen sie zum Grab des Herzogs Wilhelm III. und baten ihn um Fürsprache. Pater Guardian nahm seinen Stab und schlug damit auf die Grabplatte des Fürsten.
Der für die Ausweisung zuständige Bürgermeister wurde ungeduldig: „Heute ist der Herzog nicht zu sprechen, vielleicht morgen wieder."

Letzter Wunsch

Thomas More (1478–1535) war Lordkanzler von König Heinrich VIII. Den Begehr des Königs, dessen Ehe mit Katharina von Aragon zu annullieren, um Anna Boleyn heiraten zu können, lehnte der Papst ab. Daraufhin betrieb der König die offizielle Loslösung von der Kirche in Rom und sprach sich selbst die Oberherrschaft über die englische Kirche zu.

Thomas More verweigerte 1534 den Treueid auf die neue Verfassung, in der sich der König zum religiösen Oberhaupt der neuen Anglikanischen Kirche erklären ließ. Er wurde enteignet, dann im Londoner Tower eingekerkert und schließlich 15 Monate später trotz glänzender Verteidigung wegen Hochverrats zum Tod durch das Fallbeil verurteilt.

Unmittelbar vor seiner Hinrichtung bat More den Scharfrichter: „Warte einen Augenblick, damit ich meinen Bart zur Seite schieben kann, denn der hat schließlich keinen Verrat begangen!“

Eingedeutscht

Martin Luther (1483–1546) und Philipp Melanchthon (1497-1560) konnten sich über eine Stelle bei der Übersetzung des Alten Testamentes nicht einigen.

„Mir geht es doch nur um das Griechische“, meinte Melanchthon, seine Übersetzung verteidigend.

„Und mir geht es nur ums Deutsche“, gab Luther zurück.

Autogrammjäger

Ein gewisser Hirsfelder wollte unbedingt von Martin Luther, dem großen Wittenberger Reformator, eine Handschrift besitzen und schrieb ihm einen entsprechenden Bittbrief.

Luther antwortete mit seinem kürzesten überlieferten Brief. Er lautete: „Manum meum petitisti, ecce manum habes." („Du verlangtest meine Handschrift, hier hast du meine Handschrift.")

Gewollt ist nicht gekonnt

Luthers Wirken brachte ganze Scharen von Gelehrten dazu, sich in der neuen Kunst der Bibelauslegung zu üben. Als man Luther fragte, ob er mit deren Wirken zufrieden sei, antwortete er: „Mir geht es wie dem König Salomo; der auf etwas Köstliches aus Indien hoffte und dafür Affen und Pfauen erhielt."

Vom Wollen allein

Martin Luther (1483–1546) begutachtete die Predigt eines jungen Vikars. Dieser war so aufgeregt, dass er gleich am Anfang seine Blätter durcheinander brachte und nur noch die Worte des Predigttextes stammelte: „Ich bin der gute Hirt. Ich bin der gute Hirt."

Luther bedeutete ihm schließlich, von der Kanzel zu steigen, und predigte selbst.

Nach dem Gottesdienst sprach er zu dem Vikar: „Ein gutes Schaf mögt Ihr sein, aber kein guter Hirt."

Urknall

Ein Schüler fragte den Reformer Martin Luther, was denn der liebe Gott gemacht hätte, bevor er die Welt erschaffen habe?

Luther wurde wütend und meinte: „Er saß in einem Birkenwald und schnitt Ruten, um jene Leute zu bestrafen, die solch unnütze Fragen stellen."

Künstlerische Freiheit

Für einen Kunden malte der flämische Maler Jan Brueghel d. Ä. (1568–1625), der auf Landschaftsbilder und Blumen-Stillleben spezialisiert war, eine Landschaft mit einer romanischen Kirche. „Aber Meister Brueghel", sagte der Auftraggeber, als er das Bild abholen wollte, „Ihr habt doch die Menschen vergessen!" „Ich habe sie durchaus nicht vergessen", erwiderte der Maler, „sie sind in der Kirche." „Gut", meinte daraufhin der Kunde, „dann werde ich das Bild abholen, wenn die Leute aus der Kirche gekommen sind."

Apostel auf Reisen

Der schwedische König Gustav II. Adolf (1594–1632) fand in einer Kirche die silbernen Statuetten der zwölf Apostel vor.

„Ihr Herren", sprach er, „seid ihr etwa dazu bestimmt, euch ruhig zu verhalten? Ihr sollt doch durch die Welt

ziehen, und dass ihr diese Sendung erfüllt, dafür verbürge ich mich."
Er ließ die kostbaren Statuen einschmelzen und Silbermünzen davon prägen. Die Aufschrift lautete: „Zur Ehre Christi".

Bibeltreu

Der siegverwöhnte König Gustav II. Adolf begegnete in Deutschland einem reitenden Pastor und rief ihm zu: „Herr Pastor, es heißt: Gehet hin in alle Welt, und nicht: Reitet! Was Ihr tut, ist gegen die Bibel."
„Haltet zu Gnaden, Majestät", antwortete dieser, „im Urtext steht: Sehet zu, wie ihr fortkommet!"

Wenn man vom Teufel spricht

Bei einer Predigt erklärte der berühmt-berüchtigte Prediger Abraham a Santa Clara (1644–1709) aus Wien in aller Öffentlichkeit, dass die Damen der Wiener Gesellschaft es nicht wert seien, dass sie der Teufel hole.
Die Gesellschaft ließ das nicht auf sich sitzen und strengte einen Prozess an. Der Hofprediger wurde dazu verurteilt, den Spruch zurückzunehmen.
Bei der nächsten Gelegenheit stieg er auf die Kanzel und verkündete: „Ich behaupte nun mehr das Gegenteil: Die Damen der Wiener Gesellschaft sind es wert, dass sie der Teufel hole."

Königlicher Befehl

Der polnische König Johann III. Sobieski (1629-1696) lag schwer krank darnieder. Sein Bischof trat zu ihm und tröstete ihn: „Ich habe überall im Land Gebete für seine Majestät angeordnet."
„Die Gebete sind mir lieber, wenn sie nicht angeordnet sind", antwortete der König.

Akkordarbeit

Bei einer anderen Predigt spottete Abraham a Santa Clara in seiner drastischen Weise, dass er alle Jungfrauen Wiens auf einer Schubkarre aus der Stadt fahren könne.
Dieser Spruch erregte den Widerstand der feinen Gesellschaft. Man forderte ihn auf, die Beleidigung zurückzunehmen. Der Prediger lehnte es ab, bemerkte aber, dass er in seiner nächsten Predigt darauf eingehen werde.
„Man hat Anstoß genommen", so begann er die nächste Predigt, „dass ich gesagt habe, ich will alle Jungfrauen zu Wien auf einem Schubkarren zur Stadt hinausfahren. Aber ich habe euch ja nicht gesagt, wie oft ich fahren würde!"

Beruhigungsmittel

Madame des Essarts litt wegen einer schweren Krankheit an starker Schlaflosigkeit. Ihr Beichtvater, der lustige Jesuit Pater Geoffrey, meinte lachend zu ihr: „Als ihr noch meine Predigten besucht habt, konntet Ihr sehr

wohl schlafen: nämlich vom Lesen des Bibeltextes bis zum Segen. Wollen sehen, ob es nicht noch wirkt." Und er begann: „In nomine domini ..."
Und er brauchte nicht lange zu predigen, schon war die Dame selig eingeschlafen, und ihre Schlaflosigkeit war geheilt.

Schlafes Bruder

Jonathan Swift (1667–1745) störte es, wenn seinen Zuhörern die Augen zufielen. Er predigte deshalb dann und wann in seiner sarkastischen Weise über den Text aus der Apostelgeschichte 20,9 f.:
„Ein junger Mann namens Eutychus saß am offenen Fenster und sank, als die Predigt des Paulus sich länger hinzog, in tiefen Schlaf. Und er fiel im Schlaf aus dem dritten Stock hinunter; als man ihn aufhob, war er tot."
Nach einer kleinen Pause, bei der Swift die Betroffenheit der Zuhörer genoss, fuhr er fort: „Paulus lief hinab, warf sich über ihn, umfasste ihn und sagte: Beunruhigt euch nicht: er lebt!"

Freiwillige vor

Randverfügung Friedrichs II. auf dem Gesuch einer Gemeinde in Pommern, die um einen anderen Pfarrer gebeten hatte, weil der amtierende die Auferstehung des Fleisches leugnete:
„Der Pfarrer bleibt. Wenn er am jüngsten Tag nicht mit aufstehen will, kann er ruhig liegen bleiben."

Zurechtgewiesen

Johann Friedrich Flattich, ein um die Mitte des 18. Jahrhunderts amtierender württembergische Pfarrer, verfügte über viel Mutterwitz und große Schlagfertigkeit.

Einmal spöttelte bei einem Empfang ein Herr v. Osten über den biblischen Bericht von der Sintflut und zog ihn in Zweifel: „Ich kann mir nicht recht vorstellen, wie der Herrgott seinerzeit all die Tiere, die doch auf der ganzen Erde verstreut lebten, paarweise in die Arche Noachs hineinbekommen hat, um sie für die Nachwelt zu erhalten!“

Pfarrer Flattich erwiderte, indem er die entsprechende Handbewegung dazu machte: „Gott ist allmächtig. Deshalb brauchte er nur seine Hand in die jeweilige Himmelsrichtung auszustrecken, zu winken und dabei etwa zu rufen: Komm her, du Löwe aus dem Süden – du Schlange aus dem Westen – du Eisbär von Norden – du *Esel von Osten*!“

Versteckte Anspielung

Lawrence Sterne, der Autor des „Tristram Shandy“ (1713–1768), war ein humorvoller und lebenslustiger Prediger. Einen Tag nach seiner Hochzeit war die Gemeinde deshalb besonders aufmerksam, ob er eine seiner versteckten Anspielungen zum Besten gab.

Er wählte als Predigttext das Wort von Petrus, dem Fischer, aus dem Lukasevangelium, Kapitel fünf, Vers fünf: „Herr, siehe, wir arbeiteten die ganze Nacht und fingen doch nichts.“

Jagdbefugnis

Ein Gutsbesitzer aus der Mark Brandenburg beschwerte sich beim preußischen König Friedrich II. (1712–1786) über den Dorfpastor.
Dieser sei beobachtet worden, wie er in der Feldflur nach einem Hasen ein dickes Buch geworfen habe, was bei einem Pastor nur die Bibel gewesen sein könne.
Er habe den Hasen tatsächlich getroffen, ihn aufgehoben und mitgenommen. Der König möge doch gnädigst geruhen zu veranlassen, dass der Pastor wegen Wilddieberei gebührend bestraft werde.
Friedrich II. schrieb an den Rand der Eingabe: „Alles Wild, so ein Pastor mit seiner Bibel schießet, soll ihm auch förderhin gehören."

Kurzer Prozess

Im Kreise einiger Freunde wurde die Unsterblichkeit der Seele diskutiert. Der alte Benjamin Franklin (1706 bis 1790), einer der Gründungsväter der Vereinigten Staaten von Amerika und auch Naturwissenschaftler – er gilt als Erfinder des Blitzableiters – und Schriftsteller, wurde auch gefragt, sagte aber nur:
„Ich bin alt und praktisch veranlagt. Warum soll ich mir darüber den Kopf zerbrechen? In Kürze werde ich genau wissen, was es damit auf sich hat."

Eselei

Der Erweckungsprediger John Wesley (1703-1791) musste viel Hohn und Spott von seinen Zeitgenossen einstecken. Sein Streben nach Heiligung galt vielen als ein Angriff auf ihr reiches Leben.
Eines Tages wanderte Wesley auf einem schmalen Pfad. In Gedanken versunken merkte er nicht, dass ihm ein Lord entgegenkam, dem Wesleys Ansichten ein Dorn im Auge waren. Der Lord ließ es darauf ankommen, und Wesley stieß fast mit dem Lord zusammen.
Dieser schrie daraufhin: „Einem Esel werde ich keinen Platz machen!"
Wesley trat zur Seite und antwortete höflich: „Aber ich bin dazu gern bereit."

Begabungen

Der große deutsche Dichter Friedrich Schiller (1759 bis 1805) spielte als junger Mann Harfe.
Seinem Zimmernachbarn gefiel diese Musik gar nicht.
So bemerkte dieser ihm gegenüber: „Herr Schiller, Sie spielen wie David – nur nicht so gut."
Schiller lächelte ihn an: „Sie sprechen wie Salomo – nur nicht so weise."

Geblendet

Der Pfarrer Carl Heinrich Sintenis (1750-1820) aus Zerbst hatte ein dickes Werk namens „Pistavon" geschrieben und es Friedrich Wilhelm III. gewidmet.

Durch einen Hofbeamten konnte der Pfarrer eine Audienz beim König erlangen und ihm das Buch präsentieren. Der König nahm das Buch und las den Titel „Pistavon“ und konnte damit nichts anfangen. Er hielt das Buch dem Pfarrer entgegen und fragte in seiner kurz angebundenen Art: „Was also bedeuten?“
„Ich habe in dem Buch das Dasein Gottes zu beweisen versucht“, erklärte der Pfarrer betont und verbeugte sich.
„Auch schon das Dasein der Sonne zu beweisen versucht?“, fragte der König und entließ den Pfarrer samt seinem Buch.

Wertvolle Spende

Der Erzbischof von Westminster bat in einem Brief Arthur Wesley (1769–1852), den Herzog von Wellington, Held der Schlacht bei Waterloo, um eine Spende für den Wohltätigkeitsbasar zugunsten der Londoner Waisenkinder. Der Herzog schrieb zurück: „Für Waisen haben die Angehörigen und der Staat pflichtgemäß in ausreichender Form zu sorgen. Meine freiwillige Spende möchte ich deshalb nach meinem Gefallen persönlich verteilen. Ich bedauere demnach, nichts beisteuern zu können.“
Vierzehn Tage später erhielt Wellington einen vom Bischof selbst verfassten Dankesbrief. Darin berichtet der Bischof, er habe den Brief des Herzogs versteigert und dafür 100 Pfund Sterling einnehmen können.

Draht zu Gott

Nachtsitzung im amerikanischen Kongress. Man hatte schon viel verhandelt, nur von einer wichtigen Erfindung, die auch auf dem Programm stand, war bis kurz vor dem Ende nicht die Rede gewesen. Bei dem in der Ecke der Galerie sitzenden Erfinder, der alles, was er besaß, in diese Erfindung gesteckt hatte, wurde deshalb die Sorge zur Hoffnungslosigkeit und er verließ das Haus. Daheim kniete er nieder und befahl sein Problem in die Hände Gottes. Mehr konnte er nicht tun. Am nächsten Morgen erfuhr er, dass noch am Schluss der Sitzung 30.000 Dollar zu einem Versuch mit seiner Maschine bewilligt wurden. Samuel Finley Breese Morse (1791–1872), so der Name des Mannes, wusste, wer hinter allem stand. Ein Jahr später diktierte der Erfinder der Telegrafie selbst das erste Telegramm. Es bestand aus vier Worten: „Das hat Gott getan!"

Flugangst

Milton Wright (1828–1917), protestantischer Bischof in Dayton im US-Bundesstaat Ohio, war erzürnt über die mangelnde menschliche Demut und predigte: „Das Fliegen ist den Engeln vorbehalten, und wer behauptet, dass Menschen eines Tages fliegen werden wie Vögel, der lästert!"

Bischof Wright hatte zwei Söhne: Orville und Wilbur – die Erfinder des Motorflugzeugs.

Die Visitation

Zur Kirchenvisitation in den sächsischen Dörfern Reckwitz, Zschützwitz und Nimbschütz Mitte des 19. Jahrhunderts waren erschienen: der Generalsuperintendent, der Superintendent, ein Oberregierungsrat als Patronatsvertreter sowie etliche Geistliche aus der Nachbarschaft.

Der Pastor der drei Gemeinden, ein vortrefflicher Kenner des Aristoteles, der sich schon seit drei Jahrzehnten mit einer unlösbaren Spezialfrage befasste, war ein etwas sonderbarer und verworrener Herr. Vom Standpunkt der Seelsorge aus ließe sich also ein besserer Hirte wünschen.

Nach dem Gottesdienst mit einer der seltsamsten und weltfremdesten Predigten des Jahrhunderts war der Aristoteleskenner völlig in Gedanken versunken heimgegangen, da er über seinen Texten die Visitatoren völlig vergessen hatte.

So saßen denn die hohen Kirchenherren ohne den gelehrten Seelenhirten als Gäste des Gemeindevorstehers und Kirchenältesten Burkhardt beim vorzüglichen Gänsebraten.

Der Generalsuperintendent brach durch seine herzliche Art bald die steife Förmlichkeit des Visitationsbesuches. Als der Kaffee gereicht wurde, nahm er den Schulzen Burkhardt beiseite und fragte ihn mit einem schelmischen Lächeln: „Nun, mein guter Herr Burkhardt, wie sind Sie eigentlich mit Ihrem Herrn Pastor zufrieden?"

Burkhardt lächelte zuerst schweigend und rührte in seiner Kaffeetasse, aber auf wiederholte Bitte des „Generals", er solle nur offen reden, fasste er sich schließlich ein Herz. Ihm kamen vergessene Brautpaare, harrende

Taufgäste, vergeblich wartende Trauergemeinden und der Zustand der mangelhaft geführten Kirchenbücher in den Sinn. Er dachte an peinliche Situationen, wenn sein Pastor unversehens aus einer Taufrede in eine Grabrede geriet und sagte, sich mühsam in seiner Wortwahl an die kirchliche Milde anpassend: „Herr General, genn' sen nich von uns nähm?"
Der Generalsuperintendent schlug die Augen nieder, sah tief in seine Kaffeetasse und holte dann aus dem Grunde seines sächsischen Herzens die Antwort hervor, mit der er schon viele Beschwerden, Eingaben und Vorstellungen im Keim erstickt hatte: „Mein guter Herr Burkhardt, wän soll'n mer denn dermit bedriechn?"

Zum Leben zu wenig, zum Sterben zu viel
Ein irischer Auswanderer, der voller Hoffnung in die Neue Welt, nach Amerika, aufgebrochen war, um sich dort ein besseres Leben aufzubauen, schreibt enttäuscht nach Hause: „Ich verdiene als Straßenkehrer nur 15 Dollar in der Woche. Kann ich damit ein christliches Leben führen?"
Der Vater schreibt aus Irland zurück: „Lieber Sohn, es ist sogar das einzige Leben, das du damit führen kannst!"

Bibelfest

Im Jahr 1871 stellt man bei einer großen amerikanischen Bank fest, dass ein Angestellter seine Rechnungen überzogen hatte. Man mahnte ihn mit einem entsprechenden förmlichen Schreiben.
Daraufhin sandte der Bankangestellte folgendes Telegramm: „Sehen Sie nach bei Matthäus 18,26."
Worauf sofort als Erwiderung zurücktelegrafiert wurde: „Sehen Sie nach bei Matthäus 5,25-26."
(Mt 18,26: Da fiel der Diener vor ihm auf die Knie und bat: „Hab Geduld mit mir! Ich werde dir alles zurückzahlen."
Mt 5,25-26: Schließ ohne Zögern Frieden mit deinem Gegner, solange du mit ihm noch auf dem Weg zum Gericht bist. Sonst wird dich dein Gegner vor den Richter bringen, und der Richter wird dich dem Gerichtsdiener übergeben, und du wirst ins Gefängnis geworfen. Amen, das sage ich dir: Du kommst von dort nicht heraus, bis du den letzten Pfennig bezahlt hast.)

Der 7. Sinn

In einem siebenbürgischen Dorf sollte der altbewährte Lehrer nach dem Wunsch der Gemeinde zum Prediger erhoben werden. Dieses Amt verlangte keine höhere theologische Bildung, aber doch Bibelkenntnis und einiges elementares Wissen.
Der Bischof Daniel Grässer nahm die Prüfung vor, und die Prüfung ging schief. Schon wollte der gereizte und für seinen scharfen Witz bekannte Oberhirte das Examen abbrechen.

Er stellte noch eine letzte ironische Frage: „Können Sie mir vielleicht noch das XI. Gebot nennen?“
„O ja“, rief der Prüfling mit dem Mute der Verzweiflung: „Du sollst mit dem Armen nicht deinen Spott haben.“
Prüfung und Prüfling waren gerettet.

Superlativ

Der berühmte baptistische Prediger Jerome D. Engel hielt sich in einem Kurort auf. In einer Kirche war ein anderer, sehr bekannter Prediger angekündigt, der aber in letzter Minute absagen musste. Der Kirchenvorstand suchte verzweifelt einen Ersatz.
Ein Gemeindemitglied meinte, dass er den Prediger Engel im Ort gesehen hätte. Schnell war der Prediger gefunden und auch bereit, die Predigt zu halten.
Der Kirchenvorsteher meinte erleichtert zu Engel: „Wir hätten auch mit einem schlechteren Prediger vorlieb genommen, aber wir haben keinen gefunden.“

Alles schon gehört

Der amerikansche Schriftsteller Mark Twain (1835 bis 1910) wandte sich einmal nach dem Gottesdienst an den recht selbstbewussten Pfarrer: „Ihre Predigt hat mir sehr gut gefallen. Übrigens steht bei mir zu Hause ein Buch, in dem all die Worte, die Sie gesagt haben, niedergeschrieben sind.“
„Das ist nicht möglich!“, entgegnete der Pfarrer entsetzt.

„Doch, das können Sie glauben!“, hielt der Schriftsteller dagegen.
Darauf der immer noch zweifelnde Pfarrer: „Das Buch möchte ich gern einmal sehen.“
Am darauffolgenden Tag erhielt der Pfarrer ein von Mark Twain übersandtes Päckchen. Neugierig öffnete er es und fand darin – ein Wörterbuch.

Glockenaugust

Im Berlin des Beginns des 20. Jahrhunderts bemühte sich der Oberhofmeister der Kaiserin Auguste Viktoria, Ernst Freiherr von Mirbach (1844–1925), eifrig um den Bau von Kirchen. Da er dies etwas übertrieb, taufte ihn der Volksmund „Glockenaugust.“
An einem heißen Tag lüftete ein älterer Herr seinen Hut, um sich den Schweiß von der Glatze zu wischen. Das sah ein Berliner Straßenjunge und bemerkte: „Passen Se bloß uff, Männecken, det Ihnen Glockenaujust nich sieht, sonst baut er Ihnen noch eene Kirche da oben druff!“

Sauber gekontert

Vor der New Yorker Kathedrale sagt ein Seifenfabrikant zu einem Priester: „Das Christentum hat doch in den 2000 Jahren nichts erreicht, es wird gepredigt und gepredigt, aber alle wollen nur Geld und ein schönes Leben. Die Menschen sind keinen Deut besser geworden.“

Der Priester zeigt auf einen kleinen Jungen mit dreckigen Händen und Knien. „Seife hat auch nichts erreicht. Es gibt überall noch schmutzige Menschen."
„Na ja, Seife hilft nur, wenn man sie anwendet."
Da nickt der Priester: „Eben, Christentum auch."

Frischer Wind
Was ist der Unterschied zwischen Johannes XXIII. und Martin Luther?
Luther auf dem Reichstag: „Hier stehe ich, ich kann nicht anders. Gott helfe mir. Amen!"
Johannes XXIII. auf dem Zweiten Vatikanum: „Hier sitze ich, ich kann noch ganz anders. Gott helfe euch. Amen!"

Wahrer Glaube
Während des spanischen Bürgerkrieges (1936–1939) versucht ein protestantischer Pfarrer einen katalanischen Anarchisten zu bekehren.
„Geben Sie sich keine Mühe", bekommt er zur Antwort. „Ich glaube ja nicht einmal an die einzig wahre Religion – wie sollte ich dann an Ihre glauben?"

Verwandte
Nach dem Zweiten Weltkrieg erhält eine Dorfgemeinde, die im Krieg schwer gelitten hatte, als Spende einer amerikanischen karitativen Vereinigung 30 stattliche Kühe. So soll die Viehzucht wieder in Gang gebracht

werden und auch den Kindern, Kranken und Alten ein Gesundheitsdienst erwiesen werden. Bei der feierlichen Übergabe dankt der Ortsvorsteher den amerikanischen Gästen in einer kurzen Ansprache, die in der Versicherung gipfelt: „Wir empfangen dies Rindvieh im Geiste christlicher Brüderlichkeit."

Im Zweifel für den Angeklagten

Bertrand Russell (1872–1970) musste während des ersten Weltkrieges eine Gefängnisstrafe antreten, weil er pazifistische Propaganda betrieben hatte.
Dort hatte er eine erheiternde Begegnung mit einem Gefängniswärter. Bei der Ankunft fragte dieser ihn, welcher Religion er angehöre.
Russell antwortete: „Ich bin Agnostiker (Zweifler)."
Der Wärter murmelte vor sich hin: „Nun gut, es gibt viele Religionen, aber letztendlich glauben alle an denselben Gott."

Segen zweiter Klasse

Nach dem Welterfolg des ersten Teils der Verfilmung von Giovanni Guareschis Schelmenroman *Don Camillo und Peppone* wurde die Fortsetzung gedreht. Vor dem französischen Schauspieler Fernand Joseph Désiré Contandin (1903–1971), bekannt als Fernandel, baute sich in einer Drehpause ein kleines Mädchen auf und bat ihn um seinen Segen.

„Mein Kind", sagte Fernandel gerührt und ein wenig verlegen, „ich bin kein wirklicher Priester, ich spiele diese Rolle nur für das Kino!"
„Ich weiß", erwiderte die Kleine, „ich habe Sie auch schon im Kino gesehen. Aber das macht doch nichts, ich möchte den Segen ja gar nicht für mich, sondern nur für meine Puppe."

Andere Zeiten, andere Bitten
Franz Josef Strauß (1915-1988) war Anfang der fünfziger Jahre zum Parlamentarier-Abend eines Wirtschaftsverbandes geladen. Das Büfett war für die damalige Zeit recht üppig.
Zu einem SPD-Abgeordneten, der seinen Teller voll beladen hatte, sagte Strauß: „Na, Sie beten jetzt sicher: Unser heutiges Brot gib uns täglich."

Der verhinderte Papst
Bundeskanzler Konrad Adenauer (1876-1967) meinte einmal zu den protestantischen CDU-Mitgliedern:
„Wenn ich damals Papst gewesen wäre, wär dat mit der Reformation nicht passiert, meine Herren. Ich hätt mir den Luther mal kommen lassen, dat war noch ne vernünftige Mann."

Brüderliche Hilfe

Noch zu DDR-Zeiten wird eine Frau zur Polizei vorgeladen, weil jemand gehört hatte, wie ihr Papagei staatsfeindliche Sprüche schrie.

Die Frau hat noch einen Tag Zeit. Sie ist zwar evangelisch, aber sie weiß, dass der katholische Pfarrer genau so einen Papagei hat wie sie. Sie geht zu ihm und fragt, ob er bereit wäre, mit ihr den Papagei zu tauschen. Der Pfarrer willigt ein.

Frau und Papagei werden bei der Staatssicherheit sofort in zwei getrennte Zimmer geführt. Dann beschäftigen sich einige Beamte mit dem Papagei. Als er lange Zeit nichts sagt, beginnt einer der Beamten ihm den vermeintlichen staatsfeindlichen Ausspruch leise vorzusprechen:

„Nieder mit der SED!“

Der Papagei schweigt.

Etwas lauter: „Nieder mit der SED.“

Schweigen.

Mehrere Beamte rufen: „Nieder mit der SED, nieder mit der SED ...“

Da dreht der Papagei den Kopf und krächzt: „Der Herr erhöre euer Flehen!“

Karsten Lachmann

Schwere Wahl

In Erfurt fehlen Polizisten. Man entschließt sich, einige Kandidaten auszuwählen, um sie im Schnellverfahren auszubilden.
Erster Kandidat betritt den Raum. Der Prüfer: „Sagen Sie, was ist das bedeutendste Bauwerk in Erfurt?“
„Na, der Dom.“
„Richtig! Bitte zeigen Sie ihn!“
Der Mann weist aus dem Fenster auf die Kirche. „Sehr gut. Nun buchstabieren Sie bitte das Wort Dom!“
„D, o, o, h, m.“
„Ei, Ei ... – Der Nächste bitte.“
Der zweite Kandidat tritt ein.
„Das historisch wichtigste Bauwerk Erfurts?“
„Der Dom, Herr Prüfer!“
„Zeigen Sie bitte!“
„Nu, da is er doch!“
„Auch gut. Jetzt buchstabieren sie bitte das Wort Dom!“
„T, o, m, m.“
„Ach ... Sie können gehen.“
Der Prüfer überlegt: „Was soll ich nur machen? So wird das nichts. Ich werde das Verfahren mal umdrehen.“
Der dritte Kandidat kommt herein.
„Eine Frage zur Rechtschreibung: Buchstabieren Sie bitte das Wort Dom!“
„D, o, m.“
„Gott sei Dank! Nun zeigen Sie ihn mir bitte noch!“
Der Mann streckt ihm den linken Daumen hin: „Hier!“

Grenzenlose Verständigung

Vor einigen Jahren fand in Paris ein ökumenischer Kongress statt. Vertreter aus verschiedenen Nationen sagte ihre Grußworte.

Als der Abgeordnete aus Russland an der Reihe war, gab es eine peinliche Situation. Er wollte sein Grußwort loswerden, aber niemand konnte es ins Englische übersetzen. Schließlich rettete der lutherische Landesbischof Lilie die peinliche Situation. In fließendem Englisch übersetzte er den glücklichen Gast.

Nach Schluss der Veranstaltung wurde er von einem neugierigen Abgeordneten gelobt: „Herr Landesbischof, wir wissen ja, dass Sie hoch begabt sind: Aber, dass Sie die russische Sprache perfekt beherrschen, war mir noch nicht bekannt!“

Lilie antwortete lächelnd: „Ich kann nicht Russisch, aber ich weiß, was man bei solchen Anlässen sagt!“

Gelehrte, Dichter und Künstler – Religion ganz (un)wissenschaftlich

Gottes Ratgeber

Alfons X. der Weise (1221–1284), König von Kastilien und León, war auch ein großer Dichter und Astronom. Eines Tages sagte er:

„Wenn ich der Ratgeber des lieben Gottes wäre, könnte ich ihm zu der Bewegung der Sterne viele nützliche Vorschläge machen."

Traurige Vorstellung

Der Theologe und Reformator Martin Luther (1483 bis 1546) äußerte sich einmal folgendermaßen zu seinen Vorstellungen über das Jenseits:

„Wenn Gott keinen Spaß verstünde, so möchte ich nicht im Himmel sein."

Wegweisend

Der wahre Weg, gut zu bleiben, ist die heilige Fröhlichkeit.

Philipp Neri (1515-1595), italienischer Ordensgründer und Mystiker

Was würde wohl aus uns werden, wenn jeder das bisschen Humor und Witz, das in ihm steckt, unterdrücken wollte?
Macht es nicht jenen armseligen Menschen nach, die mit traurigem und missmutigem Gesicht daher kommen, weil sie fromm sein möchten. Sie haben Angst, ihre Frömmigkeit könnte davonfliegen, falls sie vernünftig reden.

Teresa von Ávila, Mystikerin und Kirchenlehrerin (1515-1582)

Offenes Wort

Gotthold Ephraim Lessing (1729–1781), der wichtigste deutsche Dichter der Aufklärung, fragte seinen Freund Johann Wilhelm Ludwig Gleim, was dieser von den neuen geistlichen Oden und Liedern Friedrich Gottlieb Klopstocks halte, die gerade erschienen waren.
Gleim zögerte, seine Meinung zu sagen.
„Nur keine Angst“, machte ihm Lessing Mut. „Wenn Sie schlecht darüber urteilen, werde ich an Ihrem Christentum zweifeln, wenn sie gut darüber urteilen, an Ihrem Geschmack.“

Nicht folgenlos

Christen – die, welche den Kelch der Freuden hienieden getrunken, bekommen dort oben den Katzenjammer.

Christian Friedrich Hebbel (1813–1863), deutscher Dramatiker

Glaubwürdig

Der schottische Philosoph und Historiker David Hume (1711-1776) ging trotz seiner skeptischen Ansichten ab und zu in den Gottesdienst zu einem schottischen rechtgläubigen Geistlichen namens John Brown.
Auf die Frage, wie er das mit seinen Anschauungen vereinbaren könne, antwortete Hume: „Ich glaube nicht alles, was er sagt, aber er glaubt es. Und dann und wann höre ich gern einem Mann zu, der glaubt, was er sagt."

Froher Christ

Der österreichische Komponist und Kapellmeister Joseph Haydn (1732–1809) ist einer der Vertreter der Wiener Klassik, die sich unter anderem durch die Heiterkeit ihrer Musik auszeichnet. Auch seine geistliche Musik hinterlässt einen fröhlichen Eindruck.
Das verstanden viele seiner Zeitgenossen nicht.
Haydn aber begründete das so: „Ich bin halt so froh, wenn ich an den lieben Gott denke."

Da mir Gott ein fröhliches Herz gegeben hat, wird er mir es schon verzeihen, wenn ich ihm fröhlich diene.
Joseph Haydn

Moderne Zeiten

Als der Dichter, Übersetzer, Philosoph und Theologe Johann Gottfried Herder (1744–1803) in seiner Zeit als Generalsuperintendent von Sachsen-Weimar 1778/79 zu einer Studienreise in Italien weilte, geriet er mit einem katholischen Geistlichen in einen Disput.
„Wie könnt Ihr", fragte der Priester, „Eure Herde so lange allein lassen?"
„Das hat nichts zu bedeuten", gab Herder zurück. „Bei uns in Deutschland ist längst die Stallfütterung eingeführt."

Gutes Geschäft

Ein guter Bekannter fragte den Dichter Heinrich Heine (1797-1856), der auf dem Sterbebett lag: „Hast du denn gar keine Angst vor dem Gericht Gottes? Dein Lebenswandel, dein Freigeist, dein Spott ist nicht gerade dazu angetan, den lieben Gott milde zu stimmen!"
„Gott wird mir vergeben", gab Heine darauf zur Antwort. „Das ist schließlich sein Geschäft."

Der Humor ist ein Zeugnis des Glaubens.
Zeugnis, dass – trotz allem –
mit Gott alles gut gehen wird.
Charles M. Schultz

Die Schöpfung

Der deutsche Schriftsteller Christian Friedrich Hebbel (1813–1863) nahm an einer Abendgesellschaft teil, bei der im kleinen Kreis über theologische Fragen diskutiert wurde. Als einer der Anwesenden sich zu der Bemerkung hinreißen ließ: „Die Schöpfung ist doch ein Witz!“, wurde er von Hebbel zurechtgewiesen: „Wer die Schöpfung für einen Witz hält, der hat die Pointe nicht verstanden, die Gott hineingelegt hat!“

Das Chamäleon

Die „New York Tribune“ berichtete am 25. November 1856 von einer Reise des großen Forschers Alexander von Humboldt, er habe ein Chamäleon entdeckt und folgendermaßen beschrieben: „Das Tier kann gleichzeitig nach verschiedenen Richtungen sehen. Es blickt mit einem Auge zum Himmel, während das andere zur Erde sieht. Viele Kirchendiener tun das ebenso.“

Gott zur Ehre

Wenn der österreichische Komponist Anton Bruckner (1824–1896) gefragt wurde, woher er sein großes Talent habe, antwortete er bescheiden: „Der liebe Gott hat’s mir ’gebn“, und er ergänzte dann: „Wenn mi der Herrgott zu sich ruaft und mi fragt: ‚Was hast du mit dem Talent ang’fangen, mit dem ich di beschenkt hab?‘, dann werd i Ihm mei *Te Deum* zu Füßen legen, und er wird mir ein gütiger Richter sein.“

Im Oberstübchen

Professor Copeland wohnte in einem engen, alten Zimmer hoch oben unter dem Dach. Auf die Frage seiner Kollegen, ob er nicht in eine große, schöne Wohnung ziehen wolle, meinte er:

„Ich werde immer im obersten Stock bleiben. Es ist der einzige Ort in Cambridge, wo nur Gott über mir ist. Er hat zwar viel zu tun – aber er macht keinen Lärm."

Leider!

So ist's in alter Zeit gewesen,
So ist es, fürcht ich, auch noch heut.
Wer nicht besonders auserlesen,
Dem macht die Tugend Schwierigkeit.

Aufsteigend musst du dich bemühen,
Doch ohne Mühe sinkest du.
Der liebe Gott muss immer ziehen,
Dem Teufel fällt's von selber zu.

Wilhelm Busch (1832-1908), deutscher Schriftsteller

Schwerhörig

Der amerikanische Schriftsteller Mark Twain (1835 bis 1910), der eigentlich Samuel Langhorne Clemens hieß, wurde von seiner Frau dazu angehalten, vor dem Essen ein Tischgebet zu sprechen.

Eines Tages war ein alter Mississippi-Kapitän zu Gast, den Twain aus seiner wilden Jugendzeit kannte. Mark

Twain begann zu beten, als er vom etwas schwerhörigen Kapitän unterbrochen wurde:
„Was sagen Sie?"
„Ich spreche das Tischgebet."
„Wie bitte, ich verstehe Sie nicht?"
„Das Tischgebet", gab Twain etwas lauter zurück.
„Sie müssen lauter sprechen!"
„Verdammt noch mal, ich bete!!", brüllte Mark Twain.

Ansichtssache
Anfang des 20. Jahrhunderts wurde auf einer geselligen Veranstaltung der Berliner Universität an einem Tisch heftig über das Thema der Gleichberechtigung von Frau und Mann diskutiert. Der Theologe Adolf von Harnack stellte mit bedeutungsvollem Blick auf die der Diskussion aufmerksam folgenden Damen fest: „Ja, es gibt nun einmal so etwas wie ein Erstgeburtsrecht des Mannes, denn Adam war doch vor Eva da."
Da fiel ihm der Philosoph Dessoir mit einer eleganten Verbeugung in Richtung der anwesenden Damen ins Wort: „Aber lieber Kollege, kann man den Schöpfungsbericht nicht auch anders auslegen? Sehen Sie: Die Welt wurde vom Herrgott aus dem Chaos zu immer größerer Vollkommenheit ausgebildet. Gewissermaßen als Krönung des Ganzen, ganz zuletzt, bildete er als Meisterstück die Eva."

Ansehen

Anlässlich eines Staatsempfangs kam der deutsche Komponist Max Reger (1873–1916) mit einem hohen Diplomaten und einem hohen geistlichen Würdenträger in ein Gespräch, in dessen Verlauf man sich nicht einig war, wer von ihnen wohl die meiste Achtung bei seinen Mitmenschen genieße.

„Mich nennen alle Exzellenz", sagte der Diplomat.

„Und mich Eminenz", erwiderte der Kirchenmann.

„Wenn ich vor mein Orchester trete", meinte Max Reger, „und den Taktstock ergreife, sagen alle Musiker: ‚Ach, du lieber Gott!'"

Beweis genug

Die Frage, ob Gott Humor habe, beantwortete der englische Schriftsteller Gilbert Keith Chesterton (1874 bis 1936) auf seine Weise:

„Gott hat Humor, denn er hat den Menschen geschaffen."

Höllisch interesssant

Der irische Dramatiker George Bernard Shaw (1856 bis 1950) wurde nach seinen Wünschen im Jenseits gefragt. Er antwortet: „Das Klima ist sicher im Himmel etwas angenehmer. Die Gesellschaft in der Hölle ist aber gewiss interessanter."

Zufall?

Der Physik-Nobelpreisträger Albert Einstein (1879 bis 1955), der die spezielle und allgemeine Relativitätstheorie entwickelt hat, unterhielt sich einmal mit einem Bekannten viele Stunden über die Entstehung des Lebens. Er beendete seine Betrachtungen schließlich mit folgenden Worten: „Die Wahrscheinlichkeit, dass das Leben durch einen Zufall entstanden ist, vergleiche ich mit der Wahrscheinlichkeit, dass ein vollständiges Wörterbuch das Ergebnis einer Explosion in einer Druckerei ist."

Erkennungszeichen

Der reformierte schweizerische Theologe Karl Barth (1886 bis 1968) äußerte sich einmal folgendermaßen über den Umgang mit der Theologie:

„Ein Christ treibt dann gute Theologie, wenn er im Grunde immer fröhlich, ja mit Humor bei seiner Sache ist."

Kirchbesuch

Der berühmte Elsässische Theologe, Arzt, Musiker und Philosoph Albert Schweitzer (1875–1965) äußerte sich einmal folgendermaßen:

„Wer glaubt, ein Christ zu sein, weil er die Kirche besucht, der irrt sich. Man wird ja auch kein Auto, wenn man in eine Garage geht."

Gott und die Welt

„Gott hat die Welt aus Nichts gemacht“,
so steht es im Brevier,
nun kommt mir manchmal der Verdacht,
er macht sich nichts aus ihr ...

Heinz Erhardt (1909-1979), Komiker, Dichter und Schauspieler

Verwandt

Humor ist der Bruder des Glaubens.

Martin Buber (1878-1965), jüdischer Religionsforscher und Religionsphilosoph

Hat Gott Humor?

Im Jahre 1986 erhielt der Philosoph und Theologe Eike Christian Hirsch den Kasseler Literaturpreis für grotesken Humor. In seiner Dankrede versucht der Preisträger die Frage zu beantworten: Hat Gott Humor? Er schließt seine Überlegungen mit folgendem gelungenen Fazit ab:
„Ich habe mich bemüht, Ihnen den Gedanken nahe zu bringen, dass Gott nicht nur Humor schenkt, sondern auch Humor hat. Sicher eine Behauptung, die voraussetzt, dass Gott sich im Laufe seiner Erfahrung mit uns Menschen geändert hat – oder dass wir jedenfalls unsere Vorstellungen von ihm mit Grund geläutert haben.
Wenn Ihnen diese These so oder so zu weit geht, sollten wir uns wenigstens darauf einigen, dass Gott Spaß genug versteht, uns zu erlauben, ihm Humor zuzuschreiben.“

Himmel und Hölle – Willkommen im Jenseits

Gefährliche Seereise

Ein Geistlicher fragte während eines Sturmes den Steuermann: „Glaubst du, dass das Schiff in Gefahr ist?"

Der Steuermann nickte bedenklich: „Hochwürden, wenn der Sturm nicht nachlässt, sind wir alle in einigen Stunden im Paradies."

Der Geistliche schlägt entsetzt das Kreuz: „Gott bewahre, bloß nicht."

Himmlischer Fußball

Ein leidenschaftlicher Fußballer will seinen Pfarrer necken und fragt ihn, ob im Himmel auch Fußball gespielt wird.

Der Pfarrer verspricht, sich danach zu erkundigen. Nach einer Woche treffen sie sich wieder. Auf die Frage, ob der Pfarrer schon Näheres weiß, antwortet dieser:

„Ich habe eine gute und eine schlechte Nachricht:

Die Gute: Im Himmel wird Fußball gespielt!

Die Schlechte: Du bist nächsten Samstag schon aufgestellt ..."

Schon möglich

Ein Millionär liegt im Sterben und ruft den Pfarrer. „Herr Pfarrer, wenn ich mein Vermögen der Kirche vermache, kann ich dann sicher sein, in den Himmel zu kommen?"
„Versprechen kann ich nichts", meint der Pfarrer, „aber versuchen sollten Sie es auf alle Fälle."

Zu Befehl

Im Himmel angekommen, finden die verstorbenen Ehemänner am Eingang zwei Türen vor. Auf einem Schild an der linken Tür heißt es: „Für Pantoffelhelden" und rechts: „Für richtige Männer".
Die rechte Tür ist schon ganz rostig, weil sie schon lange nicht mehr benutzt worden ist. Aber als Petrus eines Morgens aus dem Fenster schaut, sieht er doch tatsächlich einen Mann vor der verlassenen Tür stehen.
„Hör mal", ruft Petrus ihm zu, „du willst mir doch nicht weismachen, dass du der einzige Mann bist, der nicht gemacht hat, was seine Frau sagt. Bist du sicher, dass du hier richtig stehst?"
Antwort: „Ja, ich wollte zuerst auch auf die andere Seite, aber meine Frau hat gesagt: ‚Du stellst dich hier an!'"

Leicht brennbar

Ein geiziger Millionär liegt ihm Sterben. Dem eilends herbeigerufenen Pfarrer klagt er:
„Wenn ich doch nur etwas von meinen Reichtümern mit hinübernehmen könnte!"
„Das wäre völlig sinnlos", erwidert der Geistliche, „es würde ja alles gleich verbrennen."

Berechtigter Einwand

Der Gefängnispfarrer begleitet den zum Tode verurteilten Raubmörder zum Richtplatz. Das Fallbeil im Blick spricht er dem Delinquenten Mut zu:
„Hab keine Angst. Gleich wirst du vor Gott stehen."
Da blickt ihn der Mörder von der Seite an und sagt: „So – janz ohne Kopp?"

Privilegien

Der Papst ist seit ein paar Tagen im Himmel und schon hat er die erste Beschwerde an Petrus: „Was ist denn nur hier los? Ich bekomme eine kleine Zelle, in der ich hausen muss, und der Rechtsanwalt weiter vorne hat ein 10-Zimmer-Penthouse! Irgend etwas muss da falsch gelaufen sein!"
Antwortet Petrus: „Na, das hat schon alles seine Richtigkeit. Päpste haben wir hier oben mehr als genug, aber wir haben nur einen Rechtsanwalt!"

Jedem das Seine

Ein überzeugter Atheist, der gerade gestorben ist, betritt die Hölle und traut seinen Augen nicht: heller Sonnenschein, angenehme Temperaturen, Palmen, Meeresstrand, alle hundert Meter eine Strandbar, fröhliche Menschen – kurzum: paradiesische Verhältnisse.

Der Atheist schaut sich weiter um und entdeckt zwischen den Dünen ein winziges Loch, durch das er in die Tiefe blicken kann, und erschrickt fürchterlich. Er sieht wimmernde Menschen, hell loderndes Feuer und wilde Tiere, die über die Menschen herfallen.

Verwirrt fragt er den Teufel, der gerade in der Nähe ist, nach diesen schrecklichen Verhältnissen.

„Ach“, meint der Teufel, „das ist für die Christen. Die wollen das so.“

Werbung

Petrus fragt den Werbefachmann, der an der Himmelspforte Einlass begehrt: „So, welche Art von Werbung hast du denn betrieben?“

„Ganz harmlos“, sagt der Werbechef, „keine Bilder und auch keine unterschwelligen Reizlockungen. Ich war lediglich Inhaber einer Firma, die Flugzeuge für Himmelsschreibung vermietet.“

„Mach bloß, dass du fortkommst“, poltert da Petrus los, „dann bist du also dieser Kerl, der uns dreißig Jahre lang die Wände beschmiert hat.“

Spätes Glück

Ein sehr frommes, uraltes Ehepaar, das sehr gesund gelebt hatte, kommt durch einen Unfall ums Leben und landet sogleich im Himmel.
Sie sehen sich all die Herrlichkeiten an, und die Frau wird immer fröhlicher. Schließlich merkt sie, dass ihr Mann immer muffliger wird. „Was hast du denn, freust du dich denn gar nicht?“, fragt sie.
Darauf er: „Wenn du nicht immer mit deinen dummen Knoblauchpillen gekommen wärst, hätten wir das schon seit zwanzig Jahren haben können.“

Unterschied

Ein Mann im Himmel ist das ewige Harfespiel leid, und er bittet Petrus um einen Tag Urlaub. Er bekommt Urlaub und besichtigt die Hölle. Dort findet er Wein, Weib und Gesang, also alles vom Feinsten. Er bittet den Teufel gleich um Asyl, welches ihm auch gewährt wird.
Da kommen zwei kleine Hilfsteufel und stecken ihn in einen Topf mit siedendem Öl. Auf seine lautstarken Proteste antwortet der Teufel:
„Das hättest du doch wissen müssen – es ist ein Unterschied, ob man als Tourist kommt, oder als Asylant ...“

Sprüche klopfen mit der Bibel:
„Über den Jordan gehen"
(Jos 3,1-17)

Falsche Wahl

Bill Gates stirbt und wird von Petrus begrüßt: „Bill, du darfst dir aussuchen, ob du in den Himmel oder in die Hölle willst.“ Ein Engel zeigt Bill zuerst die Hölle: Sonne, Strand, Meer ... „Wow!“, sagt Bill, „dann möchte ich erst ’mal den Himmel sehen!“
Gesagt, getan: Dort sitzen alte Leute auf Parkbänken und füttern Tauben. „Da will ich lieber in die Hölle!“
Ein greller Blitz und Bill liegt, in Ketten gefesselt, inmitten heißer Lava. „Hey! Wo ist denn der schöne Strand hin? Die Sonne? Das Meer?“ – „Tja“, anwortet der Teufel, „das war die Demoversion!“

Tierische Wünsche

Ein Kater steht an der Himmelspforte und sagt zu Petrus: „Lass mich ein und setze mich auf eine schöne Wolke mit Ausblick. Das ist mein größter Wunsch.“
Petrus erfüllt diesen Wunsch. Wenige Tage später kommen 5 Mäuse und klopfen an der Himmelspforte und sagen: „Lass uns ein! Wir haben auch einen Wunsch. Wir möchten hier oben im Himmel Rollschuh laufen.“
Petrus antwortet: „Weil ihr zu Erdzeiten immer so brav gewesen seid, erfülle ich euch diesen Wunsch.“
Am nächsten Tag läuft der Kater zu Petrus und sagt: „Du hast mir den größten Wunsch erfüllt. Ich darf auf einer Wolke schweben, aber noch viel schöner ist das Essen auf Rädern!“

Eine gute Tat

„Tut mir Leid“, sagt Petrus zu dem Enddreißiger, „aber du musst schon eine gute Tat vorweisen, sonst kann ich dich hier leider nicht reinlassen.“
Nach kurzem Überlegen sagt der Mann: „Ich habe beobachtet, wie einer aus einer Gruppe Rocker einer alten Dame die Einkaufstasche weggenommen hat. Da bin ich hingegangen, hab ihn am Kragen genommen, die Tasche wiedergeholt und hab ihm gesagt, dass er ein gemeiner Räuber ist.“
„Das ist ja eine sehr gute Tat. Und wie lange ist das ungefähr her?“
„Etwa drei Minuten.“

Totgearbeitet

Ein Kfz-Mechaniker ist soeben bei Petrus angekommen.
„Petrus, warum bin ich denn schon hier, ich bin doch erst 45 Jahre alt?“
Petrus schaut in seine Unterlagen: „Also, nach den Stunden, die du deinen Kunden berechnet hast, bist du schon 94!“

Falsche Tür

Ein Toter kommt an die Himmelspforte. Petrus fragt: „Beruf?“
„Arzt.“
„Lieferanteneingang!“

Sankt Peter und der Blaustrumpf*

Ein Weiblein klopft ans Himmelstor,
Sankt Peter öffnet, guckt hervor:
„Wer bist denn du?“ – *„Ein Strumpf, o Herr …“*
Sie stockt, und milde mahnet er:

„Mein Kind, erkläre dich genauer,
Was für ein Strumpf?“ *„Vergib – ein blauer.“*
Er aber grollt: „Man trifft die Sorte
Nicht häufig hier an unsrer Pforte.

Seid samt und sonders freie Geister,
Der Teufel ist gar oft nicht dreister,
Geh hin! Er dürfte von dir wissen,
Der liebe Herrgott kann dich missen.“

„Das glaub ich wohl – doch ich nicht Ihn,
O Heilger, wolle noch verziehn!“
Sie wagt es, sein Gewand zu fassen,
Hat auf die Knie sich sinken lassen:

„Du starker Hort, verstoß mich nicht,
Lass blicken mich ins Ansgesicht
Des Ewgen, den ich stets gesucht.“
„In welcher Weise, ward gebucht;

Man strebt ihm nach, wie's vorgeschrieben,
Du bist uns fern und fremd geblieben.“
Das Weib blickt flehend zu ihm auf:
„Wär' Dir bekannt mein Lebenslauf,

Du wüsstest, dass in sel'gen Stunden
Ich meinen Herrn und Gott gefunden."
Der Pförtner stutzt: „Allwo? – Sprich klar!"
„Daselbst, wo ich zu Hause war,

(Mein Handwerk brachte das mit sich)
Im Menschenherzen. Wunderlich
War dort der Höchste wohl umgeben;
Oft blieb von Seines Lichtes Weben

Ein glimmend Fünklein übrig nur,
Und führte doch auf Gottes Spur.
Ob er sich nun auf dem Altare
Den Frommen reicher offenbare –

Das zu entscheiden ist Dein Amt.
Bin ich erlöst? Bin ich verdammt?"
Sankt Peter zu derselben Frist
Etwas verlegen worden ist,

Dacht' eine gute Weile nach,
Nahm endlich doch das Wort. Er sprach
und rückt dabei den Heil'genschein:
„Besprich es drin. – Ich lass' Dich ein."
Marie von Ebner-Eschenbach

* Blaustrumpf ist ein alter Spottname für intellektuelle Frauen

Rationalisierung

Ein Mann kommt nach seinem Tod zu seiner eigenen Verwunderung in den Himmel. Doch am zweiten Tag kommt plötzlich ein Teufel vorbei und peitscht ihn aus.
Da ruft der Mann: „He, das kannst du doch nicht machen, ich bin schließlich hier im Himmel!"
Darauf der Teufel: „Ha, das denkst du! Wir haben jetzt das integrierte Gesamtjenseits."

Verdienste

Ein Pfarrer und ein Reisebusfahrer warten zusammen an der Himmelstür und bitten um Einlass. Als Petrus aufmacht, bittet er den Reisebusfahrer hinein, aber verwehrt dem Pfarrer den Eintritt.
Auf den Protest des verwunderten Geistlichen antwortet Petrus: „Ganz einfach! Jedes Mal, wenn die Menschen in deiner Kirche waren, haben sie geschlafen, aber jedes Mal, wenn sie im Bus gesessen haben, haben sie gebetet."

Karsten Lackmann

Quellenverzeichnis

Die meisten der Texte sind folgenden, im St. Benno-Verlag Leipzig erschienenen Büchern entnommen:

Roland Breitenbach, Der Schlüssel zum Himmel: Humorvolle Weisheiten der Mönche, 2002.
Friedrich Haarhaus, Was Gott verbunden hat ...: Heitere Geschichten zwischen den Kirchtürmen, 2003.
Andreas Martin/Robert Rothmann, Bitte lächeln: Frische Witze aus der Kirchenbank, 2002.
Andreas Martin/Robert Rothmann, Wer lacht, wird selig: Witze rund um den Kirchturm, 3. Auflage 2002.
Claus-Peter März, Büttenpredigten, 2003.
Stephan Radig, Nach mir die Sintflut: Sprüche klopfen mit der Bibel, 4. Auflage 2003.
Mark Twain, Adam & Evas Tagebuch: Die erste Liebesgeschichte, 2. Auflage 2003.
Anekdoten aus dem Vatikan: „Johannes, nimm dich nicht so wichtig“, 2002.
Da staunt der Laie und der Pfarrer wundert sich, 2001.
Zwischen Himmel und Erde: Anekdoten aus der Kirchengeschichte, 2001.